中国式合伙人

何 勇◎著

中华工商联合出版社

图书在版编目(CIP)数据

中国式合伙人 / 何勇著. -- 北京：中华工商联合
出版社，2021.11
　　ISBN 978-7-5158-3221-0

Ⅰ.①中… Ⅱ.①何… Ⅲ.①合伙企业 – 企业制度 –
研究 – 中国 Ⅳ.①F279.242

中国版本图书馆CIP数据核字（2021）第 223073 号

中国式合伙人

作　　者：	何　勇
出 品 人：	李　梁
责任编辑：	胡小英
装帧设计：	回归线视觉传达
责任审读：	李　征
责任印制：	迈致红
出版发行：	中华工商联合出版社有限责任公司
印　　刷：	香河县宏润印刷有限公司
版　　次：	2022 年 1 月第 1 版
印　　次：	2022 年 1 月第 1 次印刷
开　　本：	710mm×1000mm　1/16
字　　数：	230 千字
印　　张：	14
书　　号：	ISBN 978—7—5158—3221—0
定　　价：	58.00 元

服务热线： 010—58301130—0（前台）

销售热线： 010—58302977（网店部）
　　　　　　 010—58302166（门店部）
　　　　　　 010—58302837（馆配部、新媒体部）
　　　　　　 010—58302813（团购部）

地址邮编： 北京市西城区西环广场 A 座
　　　　　　 19—20 层，100044
http://www.chgslcbs.cn
投稿热线： 010—58302907（总编室）
投稿邮箱： 1621239583@qq.com

工商联版图书

推荐序

社会的发展离不开经济的发展，经济的发展离不开企业的发展，多样化的企业组织形式是市场经济发展的首要条件。随着投资者的增加和企业发展形式的不断创新，投资者拥有了实现投资的多种渠道和方式，而合伙制模式也成为不少企业追求的创新和发展模式。

随着互联网的发展，知识经济时代的到来，人力资本将成为更稀缺的资源。企业只要拥有人才，其他的资源就会纷至沓来。在传统模式中，环境相对稳定，老板包打天下，这两点在知识互联时代已被颠覆。传统的指令式管理已经完全失效，创始人需要真正以平等的态度对待合伙人，以充分激发团队的创造力。这样既是激励人才的手段也是吸纳人才的方法。尤其是那些初创的中小企业，如果没有好的合作团队，再好的商业模式也很难实现从 0 到 1；反过来，如果是成熟的企业，公司变大而团队人才流失，再好的企业也终将从 1 到 0。正因为如此，我们才说传统的雇佣形式已经渐渐不太合适现代企业对人才发展的要求。所以，能够适应现代企业发展的模式就是合伙人机制。

互联网让传统企业开始重构，工资制度也开始被革新，让员工成为事业合伙人，让有潜力的人才组成创业团队，是互联网经济时代成功的不二法门。纵观很多成功的企业，他们都采用了合伙人模式，比如：阿里的合伙人机制、华为的虚拟股、稻盛和夫的阿米巴模式、小米的股权激励合伙人制等一系列模式已经成为企业的创新发展模式，未来的企业也必将会借鉴和实践合伙人制度。

企业的未来价值就是找钱和找人，找钱的途径很多，而找人却很难，只有找到优秀的人并把他们发展成企业的合伙人，让他们与企业成为利益共同体、价值共同体与命运共同体，这样的企业才是成功的企业，才能拥有与同类企业抗衡的能力。

但是，合伙制的推行在中国想要落地并不是件容易的事，做得好是合伙人，是利益共享、风险共担的命运共同体，做不好就成了兄弟式合伙，仇人式散伙。本书作者就是基于"中国式人情合伙"的认知来分析如何让合伙制模式在我国的企业中更好地推行和实施。如何先讲规则与制度，再去发展成谈情不伤感情的合伙人制度；企业在实行合伙人制度时，如何才能做到有效激励而不丧失控制权；不同的企业如何采用适合自己的合伙模式，本书系统分析并回答了这些问题。

从某种意义上来说，合伙人制度是一种增量激励模式，实施得好会给企业带来很大的经济回报，同时也会让企业在吸纳和留存优秀人才方面打下坚实的基础。如果每个企业管理者都能管理好自己的团队，企业就能发展壮大；企业发展好了，中国经济发展就会更好。

  这本书有理论有观点，非常适合企业管理者或创业者参考借鉴，所以我向广大读者推荐这本书。

原国家外经贸部副部长，高级经济师

序

合在一起，成为伙伴

在这个大众创业、万众创新的时代，原本靠着单打独斗的模式越来越无法适应市场的需要，人力资源成为更有价值的资源，企业组织与人的关系也从原本的雇佣制过渡到共享、共创的合伙人模式。越来越多的企业和创业者都意识到，合在一起成为伙伴的创业形态不仅有利于企业发展，更有利于个人发展，同时也能够使得团队更具凝聚力，唯有如此才能在如今竞争激烈的环境下取得成功。

在互联网时代，企业原来的公司治理机制和人才激励机制也慢慢变得不合时宜，尤其在吸引和留住人才方面、选择和激励经营者方面也需要改变。企业需要改变原来自上而下的控制式管理，上下级结成伙伴关系的合伙模式成为趋势。组织的变革需要和营销思维一样刻不容缓。合伙制是一种新的企业组织机制和管理机制，它变资本雇佣人才为资本与人才实现共享、共创、共担，共同推动企业的创新与发展。成为伙伴使得公司的人资关系更加紧密，对人才的利用与开发更加充分，内部管理也更有效率，充分地激活核心团队，解放老板。

无论是阿里巴巴的成功，新东方的发展，还是小米的爆发力，都是联合创始人无论是低谷还是高峰时彼此的不离不弃。这才有了这些企业的辉煌。所以，合伙人比商业模式重要得多，人力资源的价值才是真正的价值。创业者或企业能够找到一个真正的合伙人才是发展和壮大的基础。

但是，中国式合伙又有不少弊端。有时候在合伙做生意时，人们把情谊和关系放在第一位而忽视了规则先行的重要意义，很多企业无法合伙或者合伙不能长久，更有甚者出现兄弟式合伙在先、仇人式散伙在后的情况。在一个企业中，创始人与合伙人的合作关系既脆弱又微妙，聚散离合的故事不断上演。情感纠葛、股权设置、利益分配等问题考验着企业的合伙人。若不能解决这一系列问题，合伙人最终只能变成散伙人。

所以，我们从剖析中国式合伙为什么不能长久切入，只有找到症结方可对症下药。明白合伙的规则与团队精神，找到一个符合中国经济形态和中国人情世故的平衡之处，才能去践行中国式合伙。

我认为，合在一起成为伙伴的前提是规则，新时代的合伙，不仅要打破传统的层级模式，更重要的是变成生态模式。从合作到合伙是一个资源互补、事业共创、风险共担和利益共享的过程，也是一个从制定规则到享受规则，最后完成彼此蜕变成长的过程。只有这样才可以说合伙企业是成功的，才能保证共同干的事业基业长青。哪怕有一天会走到"天下没有不散的筵席"这样的结局，彼此也能够做到合作是伙伴，不合作依然是朋友。

任何一个事业也好，成就也罢，都不是一个人干起来的，所以，合伙制能够为有梦想、有抱负的人提供成功的基础，也利于彼此成长。如何和合伙人搞好关系，如何管理人才，如何进行利益分配，是每个人都希望学习到的东西。

所以，在这本书里，我想就自己的一些知识、体会与经验与大家共勉。

目 录

第三章

合伙的趋势与优势

第四章

合伙人具体有哪些模式

第八章
成功合伙制企业模式借鉴

第一章
解析中国式合伙

中国式合伙人为什么不能长久？

现在是一个大众创业，万众创新的时代，尤其是"90后""00后"成为舞台主角的时候，这些群体所具有的某些突出特点，使得一人在上多人在下的雇佣制已经渐渐不适应时代的发展。尤其在看到阿里巴巴因为有了十八罗汉而做得风生水起，打下半壁互联网江山的时候，鼓励合伙创业更是成为常态。但是，愿望和想象很美好，现实却很残酷。合伙做生意就跟找人结婚过日子一样，最初的选择很重要，之后的相处也很重要，如果没有前期的筛选和后期的磨合与彼此成长，十有八九都会走向分道扬镳。

现实中我们也看到过很多这样的例子。做得好的中国合伙人有阿里巴巴的"十八罗汉"、新东方的"三驾马车"、腾讯的"五虎干将"。做得不好的中国散伙人有西少爷、真功夫、新浪，出现了同室操戈甚至同归于尽的事情。这让我们不禁感慨，为什么合伙企业不能长长久久地经营下去呢？

纵观整个企业发展史，各种形态的合伙到最后往往很惨烈。合伙打天下之初很美好，到了后面排排坐、分果果的时候就发生了兄弟相争、夫妻反目、朋友结仇的事件。

　　我们面对的是一个不断发展变化且日益复杂动荡的世界和经济环境，没有一种商业模式是永续的，没有一种资产是稳固的。在这样的生存环境下，中国的中小合伙企业，平均寿命最多不超过三年，集团寿命不超过十年。企业发展周期短，做大做强的更是屈指可数。企业做不长，合伙推行不下去的根源在于，合伙制度或股权出了问题。就像中国有句老话讲的那样：生意好做，利益难分。合伙既是一门技术，也是一门艺术，更是人性。

　　当我们理解了这些，再去研究合伙，再去规划合伙，才能避免踩坑。

情面在先，不善于制定规则

在中国人与人相互交往和做生意人情观念浓厚，人人都处于一张人际关系的大网之中，讲人情、讲面子是生活的常态。正是由于情面在先，所以遇到合伙做生意的时候抹不开面子，不把丑话讲在前面，不制定硬性规则，导致后来无据可依，既被动又不利于事业发展和公司壮大。

在合伙之前大家愿意追求一团和气，你好我好大家好的美好开局，然后稀里糊涂就开始合伙了。由于对合伙的规则不是很重视，所以开始未定规则，当后续发生纠纷和矛盾的时候再去商量或担责，反而没有协商的依据。所以，我在讲课的时候经常强调，想要共同做项目，合伙做生意，一定先把规则定好。

在公司初创时期，一般股份不值钱，由于彼此不是好哥们就是熟识，基于信任也碍于情面，合伙人之间往往会回避和淡化利益分配，甚至会用简单粗暴的方式直接平分股权，没有制定和细化规则，更没有股权分配，如进入机制、调整机制、退出机制等这样详细的规则制定。但公司一旦做强做大，股权值钱，利益跟前或出现重大问题需要解散的时候，股权问题就成了大问题。

尤其是在合伙期间，有的出资源，有的懂管理和技术，当初一拍即合办了企业，等到公司渐渐走上正轨，出资源的认为自己的贡献最大，出技术和管理的认为自己对公司的付出才是功不可没，所以在取得利益和回报方面就有了分歧，都觉得自己是老大，于是分的好还行，分不好往往会走不下去。很多不幸的企业就因此陷入无尽的内耗，最后企业也被拖垮。所以，这就显出了规则的重要性，不论是出资源、出技术，还是出人才，按规则办事，谁出什么谁获得什么，都在规则里讲清楚，省得后续扯皮。

无论是好朋友之间的合伙，还是同学、同事、亲戚之间的合伙，应该建立必要的规章制度，建立明晰的规则，并且随着公司的发展不断调整和完善规则。俗话说，亲兄弟明算账。只有必要的规则才是监督彼此、制约彼此的有力保证，经营者才能在权力范围内放开手脚去开创事业。因为规则约束的是大家，也是对入股者权利和义务的保证。

合伙企业之所以容易散伙合不久长，是因为公司创办之初合伙者以感情和义气去处理相互关系，制度和股权或者没有确定，或者有而模糊。随着企业越来越大，光靠情面和关系已经无法支撑企业的运营和管理，制度变得更重要。当利益开始惹眼，就会出现论资排辈享利益的现象，到那时企业不是剑拔弩张内耗不止，便是如梁山英雄般流云四散。

中国式合伙容易散伙的原因就是合伙之前凭感情处理问题，而不善于按合作的规则办事，这是最关键的一点。比如，大家各占股份50%，开始说好人事权归某一个人管，哪怕别人占股再多，也不能干涉。不能因为情面想让一个朋友进来，就不经过管人事的人，最终一定要管人事权的人同意才行。因为事先大家说好这个权力是规则为准，谁负责人事权谁才有决定权。或者有些人会心软碍于情面，觉得平时都是朋友，招进来也是帮朋友一个忙而没有考量这个人是不是符合合伙规则，会不会做生意。这样做是非常错误的，一些家族合伙企业、朋友合伙企业就是因为招到了不合适的人，最后走向了衰败。虽然合作做生意讲和气，没有太大的错误不必斤斤计较，但这里的不斤斤计较指的是非原则性的问题，如果是原则性的问题，一定要斤斤计较。如果原则问题都可以放弃，那么这样的合作终归会失败的。而原则就建立在规则上，这样并不矛盾。

朋友之间因为彼此信任建立了合伙的基础，应该明确经营的权利和义务，权利与义务相统一，既要有经营、管理、决策的利力，又要有享受较大收益的义务。毕竟我们现在生活在市场经济的社会当中。

一般规则离不开两个主要的方向：一是权，二是利。权代表公司的控制权，比如人事控制权、财务控制权。在行使这些权力的时候会涉及财务预算和支出。如果是非正常的开支权限是否能够讲清楚？这是权限中最重要的一环，如果说不清楚就容易发生矛盾，所以在制定规则时一定要强调和明确这一点。利就是合伙所赚到的钱和经营过程中需要往外掏的钱，这就涉及财务公开。合伙人需要知晓现金流和账面支出，一方需要支出费用的时候，其他方有权知情，有进账的现金也需要通知其他合伙人。利的部分处理好了，双方发生纠纷的可能性就大大降低了。

所以，合伙应该规则在先，情面在后，不要感情用事追求共同利益，而是要用共同利益去筑牢彼此的感情。脱离了共同利益的感情很难走得长远。有很多组织、老乡会、同学会，开始的时候豪情万丈，因为没有规则，没有利益的纽带，最后草草收场甚至不欢而散，这样的例子比比皆是。所以，我们一定要引以为戒。

兄弟式合伙，仇人式散伙

中国很多合伙失败的企业无一例外地印证了中国创业模式中的兄弟式合伙，仇人式散伙。很多创业企业之所以失败，最大的原因并非对手过于强大，往往来自内部—— 一起创业的合伙人可以共患难，却难以同享乐。

以新东方故事为原型拍摄的《中国合伙人》，电影里面的人物和故事很励志，但现实中的合伙人往往都是一地鸡毛，失败大于成功。

哥们之间合伙做事业是一件很美好的事，因为有了深厚的感情基础，无论是由于共同筹措资金还是因为能力走到一起，最终能把事业做长久的却少之又少，因为这里面掺杂了很多复杂的私人感情。

合伙之时，彼此都把对方当成好哥们对待，而没有把对方严格定义为合伙人。所以，在制度约定等方面就不会像正规对待合伙一样那么严格和规范。正是这一点，为后来埋下了隐患。无规矩不成方圆，如果一个现代企业没有完善的制度，还谈何发展？创业初期这种隐患可能还不太显眼，一旦企业发展起来，资产达到一定规模，没有规范的弊端也就显露出来了。最终，只能上演彼此撕破脸的悲剧。

兄弟式合伙人多数要经历以下过程：开始的时候同心同德，创业中期渐渐同床异梦，合伙后期变成同室操戈，末期反目成仇或同归于尽。所以，那种关系不错的铁哥们，酒桌上一拍胸脯就开始合伙创业，几个人平均股份，开干，这样的合伙结局基本不会太好，股份均等的情况下更是必死无疑。股份均等就证明没有老大，没有拍板的决策者，每个股东都是老大，彼此都不服管理，那么公司有任何需要做决策的事情，都需要惊动全体股东。这样就会造成资源浪费和内耗，最终的局面就是出力的时候往后躲，分钱的时候争着抢。

尤其最初合伙的时候谈到钱就觉得伤感情，或者碍于感情不好意思谈钱，结果在利益分配和责任承担上搞不清楚。最后出现了干多干少一个样，干好干坏一个样。没有回报的付出谁都不愿意付出，付出多的人又感觉收益不公。

另外，导致仇人式散伙还有几个原因：

1. 缺乏真正的了解。平时是好哥们儿的人在一起吃吃喝喝的时候多，没有涉及利益，即使有请客花钱的费用也只是零零散散，加上大家彼此客气，谁也不觉得谁小气或大气。而等到真正合伙做生意的时候，是真金白银的付出与得到，利益面前真正能够摆正位置才行，要不然一定会产生误会，与钱有关的矛盾慢慢积累就会造成更多的不愉快。

2. 共事才能看清本性。一起做事才能显出人的格局和本性，原来不在一起做生意只能了解表象，真正看清一个人的时候往往是有利益纷争的时候。在合伙做生意的时候彼此都要有做人的道德底线，人有私心很正常，但超出底线就不正常了。

3. 有事不往明说。合伙做生意就怕有话不说，有误会不解决，让别人猜心思。开诚布公地谈，对事不对人才是合伙的核心。比如阿里巴巴十八罗汉也有过分歧和矛盾，马云把大家召集在一起坦诚相对，把彼此的不满都和盘托出，最终才有了他们拧成一股的合伙状态。一起合伙不可能一点问题不存在，要看问题的出发点是为了整体还是为了个人，这个区别开来相对就容易理解。即使没有核心意见，要避免日常积累的小误会也是需要技巧的，需要定期坦诚沟通，才能消除一些误会。

4. 不能及时化解矛盾。所有的矛盾都是日积月累形成的，冰冻三尺非一日之寒，走到散伙的那步也一定是前期有了小矛盾没有及时化解，导致小矛盾演化成了大矛盾，或者战略上有了问题彼此推责无法坐在一起商量对策。绝大部分的公司不是被外部竞争打垮的，而是内耗把公司搞垮的。

总结一句话，好兄弟明算账。好兄弟可以打江山，前提是一定要把合伙这件事悟透，不能凭着兄弟感情行事。豪情万丈的兄弟情谊有时候在利益面前脆弱如纸，一戳即破。

如何理解真正的团队精神

团队精神的基础是先有团队，那什么是团队呢？IBM给团队这样定义：团队就是一小群有互补技能，为了一个共同的目标而相互支持的人。这个定义虽然只有短短的一句话，但包括了人、共同的目标和相互支持。用四个字来形容团队就是志同道合。那什么又是团队精神呢？就是在有人、有目标、有支持的情况下彼此获益，共同成长，获得精神和物质的双重丰收，这就是团队精神。这种精神不仅仅是一起工作，更是彼此激励，积极响应他人观点，对他人尊重，对他人产生影响最终达到共同的目标，收获相同的价值成果。合伙是否能够走的长远离不开真正的团队精神。为什么中国式合伙不能很好践行团队精神呢？

企业中，一个志同道合的团队，一定是精神追求大于物质追求，或者先追求精神和价值观上的趋同，再想利益和物质上的获得。大部分创业者或合伙人的心态和目的只为能得到更多的物质和收入，一旦与自己的初衷相背离，就会生出退意，而没有强大的精神目标做支撑，就很难坚持下去。

合伙的真正意义就是人人都可以成为经营者，实现全员参与经营的目的。中国式合伙往往从经营状况切入而不是人文精神切入。只有从精神和经营双重切入，才会真正践行团队合伙精神。有句古话说得好："千人同心，则得千人之力；万人异心，则无一人之用。"

关于团队精神，德国科学家瑞格尔曼做了一个拉绳实验：参与测试者被分成了4个组，每组人数分别为1、2、3和8人。瑞格尔曼要求各组用尽全力拉绳，同时用灵敏的测力器分别测量拉力。测量的结果出乎人们的意料：2人组的拉力为单独拉绳时2人拉力总和的95%；3人组的拉力只是单独拉绳时3人拉力总和的85%；而8人组的拉力则降到单独拉绳时8人拉力总和的49%。

这个实验说明一个什么问题呢？真正的团队精神不是集体主义，也不是人越多力量就越大，而是单独个体充分发挥自己的力量，个人的主动性永远是团队奋发向前的催化剂。只有人人都发挥个人主动性，最后才能形成更强大的整体。就像新东方合伙人徐小平说的那样："团队精神的最高境界是士为自己者死，不是知己，也不是他人，而是自己。"当你的团队，把你的事业当成他的事业，把你的身家性命当作他的身家性命，这时候这个团队就会成为战无不胜的铁军，任何利益、诱惑都打不垮，任何威胁都无法撼动。

所以，正确理解团队精神，离不开以下几个要素：

1.意义。有意义的人际关系和合作同盟，彼此形成强大的信任关系，不但可以惺惺相惜，还可以互相质疑。有意义的合作目标和事业愿景，对待共同合伙的事业等同于信仰，这样才会有更加笃定的信心。不要以为模范家庭永远是一团和气，相敬如宾，更不要以为合伙的企业一直和和气气就是正确，其实并不是。观点可以冲撞，彼此可以批评，这样才更有原则、价值观和关于战略的有效讨论。而这样的合作才会更正确。互相支持是一种价值，互相批评是一种文化，创业者和他的团队只有互相支持、互相批评才能保持坚定正确的战略方向，保持旗帜鲜明的价值观，保持激流勇进的战斗力，去打天下。

2. 本色。不因挫败而互生埋怨，也不因收获而心生傲慢，有恒定的价值观，有本色的品性，敢于探求真理，不唯权不唯上，坚持本质，敢于求真。

3. 成长。解决问题的能力来自不折不扣的学习能力，保持开放、进取的团队成长思维，让能力和获得每年都持续增长。

4. 进化。迎难而上，走过最初的艰难困苦才能赢来团队的超越和进化，才能锻炼大家纵情向前的意志。克服了种种困难，最终收获到的是终极恩惠。就像新东方的三驾马车，他们之间的关系超过了一般的生意关系，上升到了精神层面，最终他们从事业上的伙伴上升为精神上的挚友。这是中国合伙人的最高境界。哪怕合伙人之间以后不再一起干公司了，也没有真正共同的经济利益了。这种精神已经超过了世俗的一切财富，使得人生得以升华，这才是团队精神的真正彰显。

什么样的制度设计符合中国国情？

中国企业要想找到一个符合中国国情的合伙制度，首先要做到理念的转型升级，其次是经营体制的转型，其根本还是如何发挥每个人的潜能，只有如此才能实现产业技术和产品的升级！

通过机制让企业的每一个环节实现自主盈利，将不可能变成可能。我们的大脑创造要优于实践创造，但首先我们要明晰我们的价值观，不设限制性信念，这是中国式合伙经营的基础。只有这样，我们才能主动思考，才会打破常识。华为之所以做出了接地气的中国制造，就是深谙人性，以众人之私，成就众人之公。华为能给够员工最多的钱和最多的精神，激发员工的生命欲望，以此干掉每个人的惰性。这才是真正的合伙制度，合起来的是价值观，但更是激励，是让每个人努力付出以后能够获得足够的利益和回报。

在设计合伙制度的时候有几个重要的点需要注意：

一、以人才为本

无论是 20 世纪还是 21 世纪还是未来更多的世纪，最贵的永远是人才，人是创造价值的主体。合伙制度的设计不能打着合伙的幌子，美其名曰说要找志同道合的人，但却有自己的小九九，只是给对方一个虚的头衔，如：总裁、副总裁、首席执行官（CEO）等，办公场所随意挑，但在涉及组织框架和报酬的时候却迟迟不表态。这就是一种"挂羊头卖狗肉"的行为，用空话大话来给对方画饼，基础建设起来后发现用不着对方的时候就把人踢出去。这绝对不是以人才为本。所以，真正想要合伙就要拿出诚意。在合伙初期往往需要吸引别人的资源，这个资源既有技术也有管理能力，还可能有金钱。无论是哪一种资源，别人是有备而来的，所以要给人工资，而不是承诺给人股份或年底分红，这样等于是免费招合伙人，不太有诚意。

二、把困难摆在明处，不打肿脸充胖子

任何一个企业想要进行模式和制度的创新，无非是遇到了前所未有的挑战。任何一家优秀的合伙企业都经历过从低到高，从坏到好，从优越到艰难的过程，所以在合伙之前不假装、不摆谱、不夸大、不吹牛，直接告诉你的合伙人"我就是缺钱""我就是缺资源"，希望他的加盟能够带来资源和资金，然后让对方选择是不是要跟你合作。切不可吹牛说自己不屑于和大机构合作，与朋友合作是看在朋友的面子上，用小资本撬动大市场，将来回报十倍、百倍甚至更多，这样给对方编织的美梦终究是会破的。所以在合作初期就要把相应的回报与权利落实到纸上。

三、设计股权比例要科学

合伙企业离不开股权激励，当股权激励的力度不够大时，股权激励带来的效果也就会大打折扣。尤其是给大股东的股权不能太重，毕竟给公司创造业绩和价值的还有不少是小股东或员工。就像华为基本法说的那样：我们认为，劳动、知识、企业家和资本创造了公司的全部价值；我们是用转化为资本这种形式，使劳动、知识以及企业家的管理和风险的累积贡献得到体现和报偿；利用股权的安排，形成公司的中坚力量和保持对公司的有效控制，使公司可持续成长。这说明股权激励是员工利用人力资本参与分红的政策之一。在资源的分配上，华为认为管理的任务就是使最优秀的人拥有充分的职权和必要的资源去实现分派给他们的任务。

四、分红体系要有差别

真正想激励人，一定要让员工看到差距，看到通过努力可以得到更多。所以，合伙制在分红设计上，要在兼顾公平的基础上拉开分红的差距，让真正的人才有晋升的渠道，不会被埋没。对公司的领导层保持多角度考察，对员工也是一样，不给上层领导形成办公室政治的机会。股权激励不是空谈股权，能在未来实现发展和进行分红是股权激励能否成功实施的关键。

随着中国企业的不断发展，结合西方对股权激励的探索和企业的现状，要给股权以新的定义：首先，股权激励是实现创业梦想的终极梦想，要以多人的梦想为梦想，以人为本。其次，股权激励是让员工发自内心地忠诚奉献，主动承担责任的动力源头。第三，股权激励是用社会的财富、未来的财富及企业上下游的财富，在企业内部建立一套让所有利益相关者共赢的机制。

无论怎样设计，股权都是为了激励群体。股权激励的对象不再局限于企业的高层管理人员和技术骨干，而是所有的利益相关者。

破解：定股、定人、定时、定价、定量

　　合伙人最终成也股权，败也股权，如果前期的设计和制定只是打江山的话，那么后期如何进行股权分配才是打下江山以后的利益享受。分的好，江山稳固，分不好江山崩塌。所以，究竟是多劳多得，还是按资排辈，如何让每个合伙人分到利益又不会产生不公平的想法，这非常考验合伙企业的股权设计。

　　在股权设计方面有一个五步连贯法，分为定股、定人、定时、定价、定量，这五步环环相连，步步紧扣。通过这 5 个步骤，基本的方案就已经成型。在设计方案之前一定要明白股权激励的目的是什么，主要想解决企业的哪些现状和问题，基于企业的战略规划，具体再落实到股权布局的整体设想上。

　　定人：公司导入合伙模式的时候不能乱选合伙人，不能因为对方有钱就拉进来，选错了合伙人赚钱或不赚钱都会有问题，所以在导入合伙人的时候，选对人很关键。比如，给合伙人定一些硬性的标准，如，什么品格、什么性质和岗位的人，哪个部门需要合伙人，等等，把这些分清非常重要。人品首先要过关，合伙企业定人要选可靠的人，有担当和责任心的人。这是从人的角度。

定股：有了合伙人下一步就是分配制度的导入，这就是定股。很多公司之所以合伙走的不顺利，往往是因为老板在定股上犯了大忌。比如大家忙了一年本该享受该拿的分红，老板说挣了钱不分红留做明年扩大再发展用，这样就会让合伙股东心灰意冷，往往容易散伙。所以分配的问题是合伙的最大问题，每个人都非常关心利益，所以一定要说到做到。在理念、模式导入了之后，我们要签署股东分享协议、年终分红协议、奖金协议、期权协议、上市的奖励协议。不管公司发展到哪个阶段，都要根据股东权益分享的协议制度，建好存档，说到做到。任何一个人的付出都要被公平对待，通过奖金、分红、提成以及上市的期权和股权，无论是长期的、短期的，还是中期、近期，尽最大可能打造出一个共享共赢的平台，这样才能留住人才。

定时：就是指什么时候发放期权或股权进行合伙人全员持股。在创业初期也要根据不同的合伙人给予不同的期权，对于核心的合伙团队和合适的人，也需要经过一定的磨合期才可以。如果过早发放股权，激励成本会变高，另一方面激励的效果也不会很好；如果说大话会被认为是画大饼，起不到正面的激励作用反而会变成负面激励。因此，公司要把握一个发放股权的时机。可以在公司收入或利润达到某个指标后，在此时机发放期权的效果会比较好。

定量：所谓的定量就是公司期权池的总量，另一个就是定每个人的岗位的量。公司的期权池，10%~30%之间较多，15%是中间值。期权池的大小需要根据公司情况来设定。在确定具体到每个人的期权时，首先要考虑给到不同岗位和不同级别人员的期权大小，然后再定具体个人的期权大小。在确定岗位期权量时可以先按部门分配，再具体到岗位。

定价：也就是给期权定一个价值。只要涉及价值就等于这个期权不是免费发放给合伙人和员工的，在他们拿期权的时候需要掏一小部分钱。这样做的好处是员工在心态上会有差别。在期权发放的过程中，要让员工意识到，期权本身很值钱，但因为是内部员工所以花小钱就能获得，之所以掏钱少，是因为公司对他是有预期的，是基于他会长期参与创业的，如果他打个酱油就跑路，那么公司把他的期权回购也是合情合理的，员工也是可接受的。

与投资人完全掏钱买股权不同，员工拿期权的逻辑是掏一小部分钱，加上长期参与创业赚股权。因此，员工应当按照公司股权公平市场价值的折扣价取得期权。

所以，要想拥有一套行之有效的合伙制度离不开这五步，简单来言：定位就是公司的股权激方案怎么设计，如何通过股权有效地控制企业成本。感觉哪个人重要，究竟该激励谁，对岗位激励还是对人激励？股权激励是否要频繁进行工商变更？在定量上给某某人多少股权比较合适，人的价值怎么衡量？股权分几次给合适？内部股价怎么定？股权价值是否就是净资产价值？员工出资好还是不出资好？要出资的话，员工没钱怎么办？

这些问题在设计合伙制度之前都考虑周到的话，会让合伙制变得更容易，也走得更长远。

第二章
中国式合伙的
弊端与破局

合伙前要给自己和对方"画像"

有句话叫知己知彼百战不殆，用在战场上和生意场上是一个道理。合伙是几个不同的人要去做同一件事，如果不能做到知己知彼，又如何并肩作战，又怎么可能打胜仗呢？所以，在合伙前了解自己，了解对方很有必要。

不管是拉人入伙还是与别人搭伙，首先要问问自己能不能单干？不要盲目跟风，听到别人都说合伙好就赶紧找人合伙。如果自己单干可以为何不先单干试试？如果自己单干不了就要找到自己欠缺的地方，是缺市场还是缺资金，是缺人才还是缺技术？搞清楚自己的优势和劣势，然后有针对性地去跟别人合伙。这才是一个好的合伙基础。另外，还要知悉自己和目标合伙人的动机，是创业当老板，还是为了赚钱，再或者是为了自我实现梦想？三种诉求各有侧重，其本质也有所有不同。一般合伙人可以分为创业合伙人、事业合伙人和资本合伙人。

寻找创业合伙人，首先要明确自己的梦想和愿景，然后再研究对方的梦想和愿景。很多人都是为钱而创业，这是最低境界的创业，只能算作合伙做生意。也有一部分人是为事业、为使命和愿景选择创业，这样的人往往更容易成就事业。为了事业与梦想的合伙人往往能够顶住压力，战胜重重困难，甚至在最困难的时候不惜卖房创业。所以，在选择创业合伙人的时候，首要的考量标准就是梦想和信念，只有这样才能有精神价值和超人的毅力，才能在创业早期扛过寒冬。比如马云、俞敏鸿和任正非，他们都是创业合伙人的代表人物，都有过创业失败的经历。马云曾连续 4 次创业失败，最穷的时候账上只有两元人民币；俞敏鸿不止一次开培训班当辅导老师以熬过自己的创业艰难时期；任正非也有过发不出工资、吃不上饭的时候。如果创业合伙人没有远大的梦想、使命情怀的话，遇到挫折很容易就放弃。所以，如果是合伙创业的话，合伙人需要有良好的品质、执着的精神和务实的态度，同时具备开拓进取的勇气和顽强的信念，这是创始合伙人所要具备的特质。

寻找事业合伙人，首先，自己需要有专业的能力，如果本身不具备专业能力，那么很难将企业发展壮大。因为一旦企业发展大了，自身专业不硬难以驾驭企业，而这也会成为企业的短板给企业发展造成一定的隐患和阻力。有了一定基础的企业需要拓展和提升时才会纳入合伙人，所以，只有专业能力优秀和卓越的人员才能匹配合伙人。无论是懂营销，懂技术，还是懂管理，要实力强得能独当一面才是合适的人选。其次，事业合伙人要具备大局观和团队精神，不能以自我为中心，要以团队为中心。即便公司不是自己的也要把它当成自己的用心去对待，只有这样才会全力以赴，才能给公司带来源源不断的价值，自身的专业能力也才能有用武之地。这些都构成了事业合伙人的条件。最后，事业合伙人要认同企业的价值和文化。比如，万科的事业合伙人就必须拿出自己的奖金来购买股票，并且奖金 3 年都不能兑现；跟投的人也必须拿出自己的钱来投资，甚至还要动用杠杆。如果对公司不认同，他是不会选择跟公司走下去的。很多知名的合伙企业都非常重视合伙人对公司价值和远景，以及使命的认同。在阿里巴巴合伙人的资格要求里面，明确规定合伙人必须在阿里工作 5 年以上，要高度认同阿里巴巴文化，也要做阿里巴巴使命、愿景和价值观的传播者。

寻找资本合伙人首要条件是钱，但还有另一个要求就是利他之心。在吸引资本合伙的时候自己也要有选择，不能因为对方是投资人就不加考虑出让股份引资进来。如果对方没有利他之心，往往会为了赚钱而投资一个企业。有利他之心才会在赚钱的基础上因更想做成一件事而投资一家企业。所以，资本的最高境界是为社会服务，让资本的价值给合伙人带来更多的能量，也能更有能力回馈社会。只向钱看的投资人往往会为了利而不择手段，带给企业的很可能是伤害。所以，无论是找天使投资人还是合伙人，都要看看自己是否具备智慧与德行，对方是否具备智慧与德行。

所以，除了根据合伙的 3 种模式来给自己和对方画像，合伙最核心的部分还是选人，一定要选人才。人才往往具备几种最明显的特质：其一，具备品格的力量；其二，具备才华、能力和智慧；其三，具有勤劳和坚韧的精神。选择合伙人就像选择一个精神伴侣，是可以跟你较劲的人，也是可以能够毫无保留与你沟通的人，更是能触动你心灵并和你共同成长的人。

什么样的人坚决不能合伙？

合伙人一旦按照协议规定加入公司之后，就意味着要在相当长的时间内全职投入，因为创业公司的价值是经过公司所有合伙人一起努力相当长的时间后才能实现的。因此，如果对方选择中途退出或由于其他原因不得不开除，会对整个公司的发展造成一些不利的影响。所以，除了前面我们讲的如何选择对的合伙人之外，还要搞清楚什么样的人不能成为合伙人。

第一，有关系的人不能成为合伙人，有资源的人同样也不能成为合伙人。这样的合伙人只能给干股，不能给决策权，因为关系和资源是这个世界上最不稳定的东西。

第二，不能把投资人当合伙人。创业途中绝大部分企业死就死在这一条了。刚开始做生意没钱找身边三五个朋友凑了点钱，百万生意，自己掏25万，每个人分25%的干股，干了几天发现除了自己剩下的其他几个人都是分钱很积极，干活不积极，每天到公司二郎腿一翘就吹牛。把他赶走却行不通，不仅朋友没得做，最主要的是他也是合伙人。想着自己每天那么辛苦赚来的钱，都是跟这样一群人分，还分一样多就会非常生气。所以，投资人就是投资人，年底分红就可以了，不能当合伙人。

第三，太讲义气的人不能当合伙人。人们常说不能意气用事，太讲义气的人容易感情用事。太多人以为合伙创业找与自己关系好的人，这样更容易成功，这往往是个误区。因为喜欢讲哥们儿义气的人就像我们前面讲的，容易感情用事，那么在合伙过程中，容易情义至上，好坏不分。要么他做错事希望你去包庇，要么是你做事他无原则包庇，最后发展到看不到企业的问题，导致创业失败。

第四，没有沉淀下来的骨干员工不能做合伙人。很多创始人看到公司员工干活卖力，就想把这些他们眼中的"骨干"吸纳为合伙人，以股权的形式给予他们回报。但这未必是一件好事，因为骨干员工还没有完全认同企业价值或没有完全沉淀下来的时候，并不会对公司给予的股权产生认同，他们反而会认为是公司不愿意多给工资，而用股权这件事来给自己画饼。实际上，在创业早期对普通员工过早发放股权，会造成公司股权激励成本过高。如果在公司的中后期给员工发放激励股权，公司发展前景看好，很可能5%的股权就可以解决100人的激励问题，而且激励效果显著。再者，早期员工流动性也大，股权管理麻烦，成本也很高。这是创始人需要注意的。

第五，不能承担风险，只顾平起平坐的人不能合伙。无论是哪种模式的合伙，都会充满未知的风险。所有的人愿景是好的，但谁也不能保证万无一失。所以，合伙之前就要意味着风险共担，如果只想着合伙盈利，无法接受公司失败，就不能合伙。另外，公司在制定股权分配时，最大的忌讳就是平分股权。如果两个人都是50%，就等于两人平起平坐，而不懂合伙的人往往喜欢追求这种状态。平起平坐意味着权力一样，碰到需要做决策的时候往往不知道该听谁的。公司一定要有权力大小、主次之分，平分的公司是永远走不远的。有的人想法很单纯，觉得大家都是朋友，一起做生意，谁占多谁占少，脸上都挂不住，干脆五五平分，这简直就是犯了大忌。所以对于合伙风险的承担和股权的分配要提前沟通清楚，不能承担风险又想平起平坐的人不能合伙。

很多创业者以为创业就是赚钱分钱，往往不加甄别去吸纳合伙人，拉人入伙给股权。其实很多人没到赚钱分钱的时候就分道扬镳了。散伙的原因当然很多，但是最核心的问题还是股权架构的不合理，人员选择的不对。

丑话说在前，合伙之前先谈散伙

散伙是合伙创业人最不想看到的结局，但是创业本身充满无穷的变数，最终的结果是我们无法预测的。"合伙"与"散伙"两个词牢牢联系在一起，虽然并不是所有的合伙创业最终都走向散伙，但是毕竟成功的案例只占少数，大多数合伙创业的企业都很难逃过散伙一劫。

哪怕就 3 个人合伙，有出钱的，有出力的，分工不同，但无论是发小、哥们，还是亲戚，每个人都充满了不安，都在暗中争夺。中国式合伙往往采取的方式是 3 个人合伙，你出钱多你是总经理；我虽然是副总，但我得看着，于是派个自己的人当财务；第三个人看了就说，既然你派个亲戚当财务经理，那我就派我妹妹来当出纳。这样就导致很多合伙人之间表面是合伙做生意，私底下尔虞我诈，每天都盘点，每天都查账。

正是因为合伙不容易，人人都有小算盘，更需要在合伙之前把丑说讲在前头，先谈散伙更有利于合伙。

合伙容易散伙难，在企业发展壮大的过程中，合伙人可能会因为利益关系或其他问题而选择终止合伙关系，退出公司。为了给合伙人和投资人自由选择的机会，也为了公司的正常发展，在合伙之前最好先谈好散伙事宜，先小人后君子，丑话说在前比后面翻脸要好得多。

下面的案例就是在合伙之前没有协商好散伙事宜，导致散伙时公司有了风险：

创始人A获得公司控制权后，决策效率大幅提高，公司业绩高速增长，合伙人B心服口服。可是，某天B突然提出离职，说看到一个新机会，决定再次创业。A不同意B的离职请求，认为B是合伙人，不能说撂挑子就撂挑子。于是A非常生气要求B将股份还回来，B也非常生气，说《公司法》没有规定离职必须退股，并且之前也没有书面约定，这股肯定不退。于是本来关系很好的两个人，一个要求退股，一个坚决不退，导致谁都无心管理公司。所以，合伙之前散伙谈不好的话，真到了散伙的时候就会出现矛盾。这个问题的本质是，A和B在没有想好如何散伙之前，就贸然开始了合伙。股权只能给予，却不能收回，给公司经营造成巨大风险。所以，应先签散伙协议，再签合伙协议。

在制定散伙协议的时候要遵循以下几点：

第一，设置好合伙的心理预期。合伙人的目标都是依靠未来公司上市的股票价值，但事先要明确，股票是否值钱是合伙人共同努力的结果，如果有人中途离开或放弃，股票有可能会一文值。所以，当有人不想继续在同一条船上互相帮助和创造价值的时候，就要交出股权。如果合伙之前大家都同意这么做就合伙，否则就不能合伙。这就是合伙之前的心理预期。一般合伙之前大家都会同意，反而是到后面有了利益的时候不容易做到。

第二，给出股份的时候要慎重。退出股份伤感情的原因是在给出股份的时候太大方，导致合伙人感觉自己拿到了很大的利益，让其突然退出来肯定不顺利。所以在给出股份的时候可以约定，合伙的股权在一年内由创始股东代持。或者根据合伙的贡献分成四年逐步兑现。比如，企业在第一年为合伙人兑现10%，第二年兑现20%，第三年兑现30%，最后一年兑现40%。总之，合伙的时间越长，企业兑现的金额也就越大。这种模式就要求合伙人必须先干满一年，之后才能每月获得股权红利。这种按月进行股权激励的政策，会使员工的工作热情高涨，从而使其全身心地投入到工作中。

第三，用打折价回购退出者的股权。散伙协议中要规定如果合伙人出于种种原因要中途退出，公司必须回购他的全部或部分股权，但是为了维护继续战斗者的利益，回购股权要用折扣价或溢价来回购。这样，既认可了中途退出者过去的努力，又把未来的价值留给了继续战斗的合伙人。另外如果离职者拒不退股，可以根据散伙协议规定进行罚款。可以在散伙协议里，预先签署高额违约金的条款，保证对方确实执行。

合伙想要成功并且久远，除了先要明确散伙协议之外，还要共同坚守几个关键：

1. 共同遵循合伙制精神。这个世界上所有的营销和管理都不是靠一套规则来执行的，大部分靠的是人性。所以，要掌握真正的内功，必须深谙人性。人性是用来成就的，不是用来控制的，一定要去释放人性、解放人性，这是关键。合伙精神来自3个方面：行为、思维和心智。如果合伙人都能让自己的思维模式改变一点点，心智模式成熟一点点，行为模式就会发生大幅度的改变。所以，合伙制精神就是从自己先改变和提升，然后去要求对方或影响对方。

2. 把合伙人培养成人才。如果说人性的弱点是害怕别人比自己强，那么合伙制却一定要让对方比自己强。当你的团队里都是实力派，你的企业不用说也是非常厉害的。合伙制的本质是彼此欣赏，彼此成就。如果没有这种心态和胸怀，就不要去实施合伙制。比如，在没有实施合伙制之前，企业管理者总是向员工喊口号，大家一起把公司做好，公司做好之后你们就跟着变好。实施了合伙制之后，这句话就要反过来讲，你们要变得更好，你们变得更好之后公司才能跟着你们一起好。如果这个逻辑思维不转变，我们是没办法实施合伙制的。所以，我们现在帮助公司存在的目的和使命，就是帮助每一位员工变得更好，让员工的成功支撑公司的成功。

3. 在合适的时机建立合伙制度。有很多人听说合伙很好，不顾自己企业的进程和现状就设计合伙制度。一般企业从初创到发展再到成熟需要一个过程，刚开始只是摸索阶段不宜急着合伙。比如，阿里巴巴、小米和腾讯都是在商业模式成熟，产品做到极致以后开始的合伙。这时合伙人看到平台已经成熟，也更加有信心做得更好，也能看到自己只要付出就会有回报。

4. 不要谈兄论弟，要遵守契约文化。合伙制的公司虽然大部分是熟人建立起来的，但在公司不能喊大哥叫老弟。因为这样的状态，会在企业中无形地形成一种攀亲道故的气氛，会阻碍企业管理者日常的管理工作，导致团队的规章制度形同虚设。如果我们运行合伙人制度，事情就简单多了，企业和员工不仅是工作关系，还是契约合同关系，公事公办，让合伙人没有机会再浑水摸鱼，投机取巧。

合伙最怕内斗

有人做了一个关于螃蟹的实验：如果把一只螃蟹放在篮子里，用不了多少时间，螃蟹就能自己爬出来了；相反，把很多的螃蟹放在篮子里，奇怪的是没有一只螃蟹能够爬得出来。因为当很多螃蟹在一起时，当有一只螃蟹想爬上来时，其他螃蟹就会附在它身上，结果就会将它拉下来，最后一只螃蟹都出不去。于是人们把螃蟹的这种效应称为内斗效应，并且用来形容企业和团队之间的力量互耗，不但取得不了进步反而会深陷泥潭。在合伙企业也是如此，合伙人之间最怕的就是内斗。

有一家企业叫作真功夫。企业的老板是两个人，关系是小舅子和姐夫。姐夫姓蔡，我们叫他蔡总，小舅子姓潘我们叫他潘总，蔡总占股51%，潘总占股3.49%，由蔡总来做总经理。最初两个男人齐心协力，真功夫开遍全中国，成为洋快餐强有力的竞争对手，并且真功夫已经打算在香港上市。2007年，真功夫重组完成，从实际控制的股权数量看，潘总直接控制52.26%股份，蔡总实际控制41.74%股份。正当企业红红火火，发展到顶峰的时候，一些家庭原因导致两个男人之间产生了不可调和的矛盾，开始你死我活的斗争。最后小舅子指控姐夫的一些行为构成刑事犯罪。公检法侦查审判后，确定蔡总构成犯罪，被判有期徒刑14年。这场内斗使真功夫元气大伤，与洋快餐的竞争力和战斗力骤然下降，这家企业最终没有上市。

这个案例告诉我们一个真理，在企业发展中，挑选合作伙伴，寻找好的合伙人非常重要，拒绝内耗非常关键，否则再好的企业也会毁于一旦。

所以不少创业者和投资人一致认为，一个好的合伙团队甚至会超过好的项目，选对合伙人比选对商业模式更关键。就连马云都说，如果没有当初的十八罗汉，没有今天可以接班的张勇，没有合伙人机制下的传承计划，他恐怕也没有办法这么潇洒，说放手就能放手。

在我们国家，很多创业团队最初是由家人和朋友组成的。这样的团队，最初必然是依靠情感维系，但等到项目有一定起色，开始涉及更多的利益，每个人开始有自己的想法时，很多内斗也由此开始产生。其实不少企业都在上演类似前面真功夫案例中的内斗事件。刚开始合作的时候还能为了一个目标共同使力，但是时间一长有了利益就开始各自有了自己的心思和打算，问题也就显现出来。如果处置不力，就会激化矛盾，最终导致股东利益和企业双重受损。

一般内斗产生的原因有以下几种：

1. 没有把相关权利和义务落到纸上。我们都说空口无凭，最开始因为亲戚或朋友的关系出于人情面子，加上缺乏法律意识与风险意识，所以只是口头约定，没有正式订立书面协议。到后来矛盾出来的时候，由于没有书面凭据，于是股东各说各话，导致问题和矛盾越来越大。

2. 没有细化协议。有的人合伙之前进行了书面的合伙协议，但过于简单粗糙，不够严谨和细化，对于权责界定不明晰。特别是企业的人事与财权问题，如果约定的不够明确，那么就会为后续埋上隐患。股东的子女和亲戚进入企业所担任职位与其薪酬等重要问题一定要明确约定，这是内斗产生的根本原因。

3. 老板太多，没有真正的一把手。合伙企业产生内斗是因为权力不分导致管理撞车。股东是老板，股东的老婆也是老板，这样造成了人人都是一把手，下级不知道听谁的。一旦遇到老板们掺和了家事与私人感情，就会使企业管理陷入一团糟的状态。

4. 合伙人脾气不合喜新厌旧。合伙之初想着把企业做大，所以合伙股东之间对于双方的脾气性格并不了解，等到合作时间一长，彼此的弱点和不同之处就暴露了出来，于是很容易产生矛盾和冲突。尤其是股东之间喜新厌旧，遇到更好的项目或合作伙伴，产生了要与新伙伴合作的意向，就会与旧的股东产生分歧。

那么，如何化解股东内斗呢？

首先，合作开始的时候要有危机和风险意识，正视股东矛盾的潜在性。可以找专业的机构把合伙协议订立得更详细严谨，健全企业的工作流程和管理制度，依法治人，减少人治。这样会降低矛盾，即使发生了问题也能按规章办事，依约处理。

其次，股东要提高自身的修为。合伙做生意合的其实是人品和德性，如果一个人自身修为不够好，是很难与别人相处久远的。尤其是出了问题的时候不能把责任都推给对方，要善于化解矛盾，找出解决问题的方法，避免激化矛盾。

最后，当股东之间出现了不可调和的矛盾，一定要找专家和机构来帮忙，不能藏着掖着。企业的问题如果不及时解决，最终会面临更大的风险。可以通过专业的机构来转变合作经营方式，实现好说好散的良好结局。

合伙谈感情，更要谈钱

有人说谈钱不伤感情，有利于契约精神长期合作；也有人说先熟络感情，慢慢再谈合作细节。但是一通海聊下来，你会发现项目实际内容没谈多少，不仅浪费时间还耗费精力。所以，合作的前期就要明确利润分配、角色分工，不然大的计划没有，却先探讨边角的事情，最后聊了半天发现不知道要做什么，合作也容易夭折。其实合作要看的方面很多，比如想法要一致，做事风格要相互认可，出了问题一起想办法解决，等等。否则共事的时候你这边正在做这件事情，而对方却在做拆台的事情。当然对方也许不是故意，只是在某些阶段的细节处理上有点多此一举。但这也是破坏性行为，这会让彼此很尴尬。

所以，合伙谈感情更要谈钱。每个人创业之初首先会选择亲近的人来合作这是人之常情。因为亲近所以"情"占了上风。正是因为有感情在先往往给合伙留下隐患。因为你找的不是朋友和哥们儿，而是有利益关系的合伙人。要抛开先入为主的个人感情因素，看看对方是不是具备合伙的资格和能力，选择合伙人合适第一，友情第二。

为了避免日后因为谈钱伤感情，就要在还没有利益产生的时候先谈钱。尤其是与亲近的人合伙做生意更是要提前说清楚，金钱面前人人都有弱点，不要用金钱去考验人性和感情。尤其是咱们中国式合伙人，除了兄弟之间的合伙，还有姐夫和小舅子的合伙、丈夫和妻子的合伙。这都是非常亲近的人，和这些人在一起谈钱的事，如果处理不好既伤了感情，也伤了钱。

举个例子，龙湖地产是夫妻合伙，吴亚军和蔡奎的财产都放到了一个信托公司里面。这个钱由丈夫赚回来，但也有妻子的25%，挣的钱归丈夫全权处理，但经营权不是丈夫一个独大。也就是说这个钱怎么花，丈夫说了不算。比方说蔡奎占35%股份，他可以说挣的钱是他的，但是他想用这个钱直接去投资却不行，必须是信托公司职业经理人委托给他他才可以投资。最后的结果就是，无论夫妻俩是顺顺利利当合伙人也好，还是闹起了矛盾也好，财产都在龙湖地产的经营范围里面打转。这夫妻俩合伙在处理钱和感情方面可谓是高明。

所以，无论是兄弟之间的合伙还是夫妻之间的合伙，如果有纠纷也能好聚好散。即使对簿公堂也要把自己的事业和感情分开，钱是钱，感情是感情，一旦混到一块就会非常麻烦。

现实中有很多人就是把钱和情处理不明白，一开始谈感情就跟钱混在一块，到最后还跟钱混在一块。如果前期钱和感情分不开，到最后也绕不开这些。如果一开始两个人能把钱和感情分得清，那两个人散的时候为什么不能把钱和感情分清楚呢？所以最该恪守的原则，尤其是对夫妻合伙人来说，得早准备，一开始认为谈钱伤感情，如果真有问题到时候感情和钱都伤了。开始谈钱不伤感情，到最后哪怕没有了感情也不会伤钱。

有一家公司进行了合伙人制度的导入，但是股东的积极性并不是很高，有的股东甚至到外面用自己亲属的名义成立了公司，开展相关的业务。这是为什么呢？这是因为在老板心里并没有把合伙人当成真正的合伙人，当成股东。尤其是在分钱的时候，老板感觉分出去的钱让自己的现金流有了压力，于是没有及时兑现分红奖金。这种行为导致合伙意见非常大，于是出去单干，这样就造成了更大的损失。

所以，合伙人之间要明白，分钱分的是市场的钱、客户的钱，合伙人共同挣到的钱，不是我们自己口袋里的钱。如果不进行认知上的调整和升级，是无法改变现状的。很多时候因为钱没有分开导致伤了合伙人的心，所以作为合伙人要愿意分钱，敢于分钱。合伙之前应该把分配的利润方案定好，确定好分配的数量、分配的比例、分配的周期。如果大家都能认同接受，那么签好合同，做好公示，这样才能有契约精神。如果实在不能合伙，那就好聚好散。

很多老板无法迈过金钱这个坎，能迈过去的企业都有了不错的发展。合伙成功的企业，除了分钱分的好，还有一点就是分权分的好。很多老板说分钱可以，分权力门儿都没有。特别是中小企业，都是老板说了算，比较独裁，都希望别人有执行力和忠诚度，但是不希望给别人分配权力，担心合伙人挑战自己的权威。他们认为只要利益分的好，就能把合伙人的责任意识、风险共担意识给激发出来。这是不对的！我们面对更优秀的人才，更高级的岗位和职责不是分钱能够解决的，还要分配权力，包括财务的支配权和公司的管理权、参与权、决策权等。你想让合伙人承担多大的责任，就要分配多大的权力去匹配对应的利益，这是对人才的尊重，也可以让我们从一个人的决策到多个人的决策，降低企业的经营风险，提高向心力。

分钱并不是目的，凝聚人心使企业健康快速发展才是我们的最终目的。为什么很多大企业实现了上市，合伙人也实现了财富自由，还是会选择离开公司？多数是因为无法获得相对应的权力，无法获得最终的尊重。

所以，合伙合的是情，更是钱和权力。作为老板一定要克服人性的弱点，要先把钱分好，要按照制度和规则去分钱，让合伙人心里有安全感。真正的合伙人要有执行权、管理权、决策权，共同承担起创业的职责和风险，让合伙人心里有归属感。这样我们才能上下同欲、上下同心，实现公司持续稳定发展。

合伙创业一定要先明晰股权

合伙做事业，谁都希望把它做好做长久，所以，为了公司的成长和发展，也为了长久合作，合伙创业之前明晰股权是很重要的。

兄弟合伙刚开始的时候可以共患难，等到公司有了盈利，分钱的时候如果事先没有立好规矩和设定好股权就会出现问题。目前合伙的关键因素不在钱，因为市场上的钱太多了，不缺资本，只要项目好，会有很多团队投资，如果你的合伙人只想拿干股挣点钱，不想参与经营，这样的合伙人还是要远离。光出钱不出力，这种合作关系长久不了。第二种只出技术也不行。想要公司成长得快，必须让出技术的合伙人全身投入，只有投入才可能拼尽全力。要不然凭着热血他只能投入一阵子，热血劲儿一过就不太上心了。出点技术就跟上班领薪水没什么区别，而且他比别人还多了分红，就算有一天公司活不下去了，倒闭了，他也没什么损失。从他的角度上看完全没有后顾之忧。合伙人如果不投入很难对企业用心。比如古代将军为什么在前方打仗那么拼命，那是因为妻儿老小都在皇帝的身边。你说他能不拼命吗？

如果找到了靠谱的合伙人，股份划分就是基础和关键。在明晰股权的时候有什么注意的要点呢？

第一，分股权不是谁的钱多谁就占大股。在上个时代可以因为商品供给匮乏，只要有本钱投入，任何项目都能赚钱。那时大家普遍都没钱，所以基本上都是按照出资比例分配股权。但是在当今时代，商品供给过剩，竞争空前激烈，人的因素成为项目成败的第一要素，优秀的操盘人才成为市场稀缺资源。所以出钱多的不一定能占大股，贡献多的应该占股比例高。

第二，股权不能因为兄弟感情平均分配。平均分配等于大锅饭，干多干少收益都一样。没钱赚时大家无所谓也不急；一旦开始赚钱了，总会有人觉得自己干多了，分少了，吃亏了，从而导致矛盾发生，兄弟同室操戈。平均分配还会形成权力分散，当意见有分歧时谁也说服不了谁，决策上陷入僵局，员工也无所适从，导致整个公司陷入内耗和低效。所以千万不能平均分配。

第三，股权分配不能大哥吃独食。创始股东团队中必须有带头大哥，同时带头大哥也不能占股过高。例如三人合伙老大占股90%，老二占股6%，老三占股4%。这时如果你是老二或是老三，你会怎么想？心理阴影面积大不大？你会觉得自己是公司的联合创始人还是会觉得自己和打工没什么区别？这样的话你会全身心地投入该项目吗？最后的结局可想而知。

第四，股权差不多，无带头老大。合伙企业带头大哥的标准是一股独大，且其他股东没有一票否决权，在股东意见不统一时有一锤定音的股权实力，同时要有相应的收益回报权。如果大家的股权差不多，不仅决策容易陷入僵局，而且责任与收益也分散了，遇到事往往都会觉得别人应该去解决，这就容易形成三个和尚没水喝的局面。所以创始股东团队必须要有一位带头大哥战斗，承担主要责任。

第五，股权分配全职与兼职要有差别。全职与兼职无差别分配，在创始股东中有股东只出钱不出力或偶尔出力，这时候股权该怎么分？如果仅仅按照出钱比例进行分配肯定不行，因为公司能否生存发展盈利，靠的是全职股东的操盘能力和日夜操心。全职股东的时间精力能力也必须进行估值，参与股权分配。

第六，不能以资源入股。没钱时分配资源对创业项目固然很重要，可是在分配股权的时候，资源还没有正式变现，只是一种可能性，实际变现的结果可能非常好，也有可能比较差。资源在未来变现后的实际价值，当下无法准确预估，这时无论是分多了还是分少了，未来一定会有分配不均的问题产生。最佳的做法是，资源股东当下先分得一小部分股权，大部分在通过市场的变现验证后，按照实际的价值贡献动态分配股权。

第七，股权不能一次性全分完。时代在不断发展，人也一样，所以各股东当下的能力和贡献在公司未来的发展中，有可能会不断提高，也有可能会持续下降。因此，根据当下的具体情况，所分配的股权比例一定不能精准匹配未来的实际情况，未来必然会出现分钱不均的矛盾。万一你的合伙人在分股权时所承诺的资源渠道、业绩等基本没有兑现，这时候股权早分完了，怎么办？所以创立公司的时候千万不能将股权全部分完。股权分配将协议约定合伙规则，创立公司的时候签订股东协议，约定明确的合伙规则。需要约定的规则主要有预留股权规则、动态分配规则、股权成熟规则、股东退出规则、股权锁定规则、利润分配规则、决策议事规则、竞业禁止规则、薪酬分配规则、责任分工等等。

第八，股权分配不能为了省高薪而给干股和底薪。初创公司在引进高端人才时付不起或者不愿意支付较高的薪酬待遇，于是以给股权的方式来降低薪酬。对方不是一个适合成为股东的人，被你忽悠成股东后就是重大隐患，白拿的股权不会珍惜，更起不到激励的作用。将来如果股权收益低了，他会抱怨吃亏了；股权收益高了，你又后悔给多了，注定是一个不欢而散的结局。所以千万不要用干股的方式来补充薪酬。

把情谊放在规则和原则的铁笼里

一个不重视规则和原则的合伙企业，往往不可能走的久远。没有规矩，不成方圆。这句古语很好地诠释了规则和原则的重要性。如果合伙人不把情谊、权力放在规则和原则的铁笼里，会让人治占了上风，势必会导致公司秩序的混乱。在现在这样竞争日益激烈的商业社会，规则和原则才是克敌制胜的根本之道。如果合伙人都不能够率先起到示范作用，不能以身作则地努力工作，而是肆意地破坏各种规则和原则，那么这种形象就会影响下属，从而在团队里形成一种消极的态度，严重影响企业的正常运行。这样的行为是万万不可的。

我认为合伙人 2~3 个最合适，这样制定规则和原则容易执行。如果是两个人合伙，老二的股权占比一定要小于 33%，老大必须高于 67%，也就是说让老二要少于 1/3，老大高于 2/3。因为根据公司法的规定，公司的重大决策是赞成增加或减少注册资本，以及公司的合并分立解散等须要经历 2/3 以上的表决权。作为股东中的老大如果占比超过 67%，就等于有了绝对的控制。老二可以占股份的 15%~20%。因为从人性的角度来说，另一个人占比太少会觉得没有成就和荣誉感。

如果是 3 个股东，股权分配的原则：老二＋老三整体小于老大就可以了。如果是 4 个人甚至 4 个以上的人合伙，最优原则是什么呢？老大最好是占 52%。如果公司未来有上市的打算，上市前会有融资，如果老大占51% 的话，经过两轮的融资，通常股份会被稀释到 33%。52% 的情况下，同样被稀释到 30% 的话，那么稀释后的股权比例是 33.8%，还是高于 1/3 的，所以大股东要注意这个小细节，而且这个细节对公司的控制权是非常关键的。

除了以上合伙分股的规则之外，股权分配还有三项基础原则，这个原则的订立必须通过股东的一致认可和同意才行，后面无论是股权的分配和设计都要基于这三项原则，所以这三项基础原则非常重要。

第一项原则，银股、身股资源相结合。资源包括显性资源和隐性资源。如果对这两项资源估值的话，过去创业投资占股多少取决于出资金的比例；而随着时代的变化，现在有的人出钱很少，但本人可以操盘，那么他的身股就很值钱。所以，身股包括苦力也包括能力，有的人出钱却不参与经营，有的人又出钱又要参与经营管理。而且还有一类合伙人本身有客户、渠道、关系等，这些都是合伙的资源。所以要对每个人的资源进行估价，出钱的、出力的价值不同，定价也不同。那么出钱的多少和方式，出人的年限和时间都要写在合伙协议里。

第二项原则，有且必须只有一位带头大哥。也就是说这个项目团队必须要有一位带头大哥，而且只能有一位带头大哥。如果是 3 个人合伙，3 个人各占 1/3，就像前面我们讲的，又陷入了平均分股的错误中，遇到问题的时候缺乏拍板决策的人。如果不选定一位带头大哥的话，其他人都想当家，这就不好办了。

第三项原则，动态分配股权。动态分配股权什么意思呢？最直接的理解就是不能一开始把股权分光了，要随着项目的进行来衡量哪个股东的价值和贡献大。企业在不断发展，每个人的价值也在不断变化，原本贡献和价值大的会变小，原本小的会变大，所以在股权分配的时候也要根据这种变化进行不断调整和分配。

所以这三项基础原则，创始团队和创始股东大家都要认可。如果创业初期大家都不能达成统一的话，这个项目也没有必要再做下去了。

中国式合伙"分手"代表

企业合伙走到分手的特别多，大部分人要么经历过，要么见识过别人的分手大戏。比如现实中的新东方三大佬、万通六兄弟、倪光南与柳传志、国美之争……以上是中国式合伙的分手代表。我们做一个简单分析，看看这些企业是如何合不去的。

一、利益不均造成的分手

新东方三大佬合伙的时候是同学关系，作为电影《中国式合伙人》的原型，现实比电影还要复杂。用俞敏鸿的话说最初的新东方就是一个烂摊子。一群负责不同项目的老师实际就是一个个不同的个体户，有人占据了托福班，有人占据了雅思，谁能多开班谁就能多分钱，大有诸侯割据各自为营的阵势。这样导致各方利益难以平衡，作为创始人的俞敏鸿安抚了这个又得罪了另一个人，焦头烂额还自己说了不算。最终导致的结果是核心团队人心不齐，栽脏的有之，跳槽的有之，另起炉灶的有之，于是好好的一个合伙企业走向了散伙。

二、意见不一致造成的散伙

以潘石屹和冯仑为代表的万通地产就是因为领导太多，意见相左，最后走向了分手。最初，冯仑、王功权、王启富、易小迪、刘军、潘石屹六人怀揣着梦想，投契地走到了一起，组成了"万通六君子"，在海南开启了他们的创业梦。创业之初他们在约定合伙人利益关系的时候，采用了职务有差别、利益均分配的原则。王功权担任总经理，冯仑担任副董事长，董事长由投资主管单位的人担任，王启富、易小迪和刘军担任副总。潘石屹加入公司后，最初担任总经理助理兼财务部经理，后来也变成了副总。虽然都是副总，但权力并没有详细规定，所有事情都要6个人在场讨论。但是随着企业的发展，作为法人代表的王功权觉得事情需要他拍板，但别人觉得自己没有责任可负，就不太开心，导致虽然有人想说了算，但往往会向其他人妥协。尤其到了后来投资房产赚了钱，6个人权力虽均等但下面的员工都不自觉站队，形成了各种各样的派系，导致组织运行效率低下。关于企业经营理念、决策和资源分配的意见和冲突不断，兄弟情义成为最难以跨越的一道障碍。1994年"万通六兄弟"在广西开会，1995年正式分手，按各人原来分管业务划分，然后成了一个个独立的个体。

三、理念不同造成的分手

以柳传志和倪光南为代表的联想合伙企业分手原因是理念不同。柳传志属于技术派，倪光南属于营销派。在柳传志眼里，如果将企业看作是一串数字的话，倪光南是有效数字1，别的科技人员都是0，这些技术人员只有跟着倪光南才能出成绩。后来正是因为倪光南主导汉卡市场却没有得到柳传志研发经费的支持，导致项目停摆。最后两个人有了分歧与矛盾，但这个矛盾是因为两个人的理念不同造成的，最终走向分手。

四、争当老大造成的分手

以黄光裕和陈晓为代表的国美电器分手的原因是合伙人都想当带头大哥，最后不欢而散。1996年陈晓创建上海永乐家电，2005年10月永乐家电上市。国美电器2006年并购永乐家电，此后陈晓担任国美电器总裁，代表管理层与董事会沟通和协调工作，是企业的执行者。陈晓带团队十余年，他的行事作风已经让他形成了一种主人的意识，所以一有机会就会按照企业创始人、企业一把手的风格去行事。所以，被并购的企业创始人，实际上更像新企业的高级打工者。这是陈晓和黄光裕分手的原因。

五、资本从中作梗导致的分手

以葛文耀、王茁为代表的中国平安和上海家化走向散伙和资本脱不了关系。故事开始于平安信托进入上海家化。2011年上海家化集团股权竞购，平安信托胜出收购了家化集团100%股权。葛文耀被平安信托承诺的未来投70亿帮助家化发展所打动。2012年却出现了变故，葛文耀开始炮轰平安信托干预自己的业务发展，并且内斗渐渐爆发。2013年执掌家化30年的葛文耀遭控股股东平安信托罢免。葛文耀走后，由他一手提拔的总经理王茁留了下来，但平安信托做出了解除王茁公司总经理的职务，并回购和注销王茁尚未解锁的股权激励30多万股。所以，这样的合伙企业是在生猛的资本老手下走向散伙的。

对于合伙人来说，有时候，从合伙到散伙仅仅是一步之遥，如何做，不仅体现各自的经验和智慧，更体现其视野和格局。合伙的时候考验的是人性，散伙的时候更考验人性。合伙人制度是一个民主试验，也是一个人、一个企业最好的试错和成长的道路。

第三章
合伙的趋势与优势

合伙是需求：时代需求、竞争需求、人性需求

在这个新的时代，人们都在追求合伙创业。虽然有不少合伙人因为这样那样的原因没能走到最后，但在合伙的过程中依然收获了很多，也让企业变强大了很多。所以，找到合伙人可以彼此相互成就，共创事业的巅峰。排在福布斯大陆富豪排行榜第七十位的东星集团掌门人兰世立说："比起相对较高的学历和积累财富的过程，我更看重的是合作伙伴的选择和他是否懂得利用国际合作伙伴的力量。"在兰世立看来，现在很多企业家把合作定义为两家企业之间的业务往来和协作是有些肤浅的。对一个企业而言，在发展的过程中，合作伙伴不应该像客户一样具有广泛性，应该有针对性地找到适合国际新需求的合作伙伴来开展商业合作。只有这样才能让双方的优势得到最有效地发挥，让自己在合作中收获最大的利益。尤其是在经济迅速发展的今天，企业之间的竞争非常残酷，单靠一己之力是很难取得事业成功的，这时候找合伙人就成了最佳方案。

所以，我们说合伙是需求，是时代的需求，是竞争的需求，也是人性的需求。

为什么说合伙是时代的需求呢？因为创业是有风险的，如果一个人单

打独斗的话,风险来了就是百分百的风险。而采用合伙制的话,当风险来临的时候,不是老板一个人在扛,而是几个合伙人一起在扛。

以前我们可能觉得合伙仅仅是个概念,但这两年一直持续的疫情,让很多人更加清醒。多少个单打独斗的企业危在旦夕,而具备一定资源,拥有合伙人思维的企业,虽然不好过,但相对而言还安全一些。

未来更是合伙的时代。你有钱但不一定有资源,你有项目不一定有钱,你的企业遭遇了下滑,也需要别人并购或重组将其重新拉回赛道,这些都是时代的需求。

合伙也是竞争的需求。做得非常成功的合伙企业阿里巴巴对合伙人的要求是:"在阿里巴巴工作 5 年以上,具备优秀的领导能力,高度认同公司文化,并且对公司发展有积极性贡献,愿意为公司文化和使命传承竭尽全力。"马云说:"大部分公司在失去创始人文化以后,会迅速衰落蜕变成一家平庸的商业公司。我们希望阿里巴巴能走得更远。下一轮竞争,不是人才竞争,而是合伙人制度的竞争!"

那些真正能赢得竞争优势的企业往往都是综合了多方资源的企业,而合伙制就是多方资源的最好体现。一个事业真正搞起来,擅长各种技能的合伙人都要有,会讲故事的可以去融资,懂经营管理的把钱用好,懂技术的可以研发产品,懂市场的能把产品变现。而这些各路神通的人组合成一个梯队,就是真正的竞争力,所以说合伙是竞争的需求。

合伙更是人性的需求。随着社会的发展,企业越来越意识到员工难以管理,必须用更人性化、更科学的激励手段才能让员工产生动力。所以,从企业的视角来看，讨论合伙人的时候，其实更多的是讨论如何更好地激励员工，更有效地提高员工积极性。所以，不少企业采用合伙制，把员工纳入合伙制中，这对企业也有很多积极的作用。员工会更有拥有感，也会更加用心地去工作和服务。海底捞和华为之所以在行业领域做得非常成功，就是因为对员工的激励。员工拥有感主要是参与企业经营的权利，在企业内部为人才创造创业的条件，变为别人打工为自己打工。当人才参与公司经营决策、融入创业合伙人团队时，才有可能真正找到创业的感觉。如同小米员工对加班的评论："你做一份工作，天天加班当然是不行的。但如果是创业就不同了，创业是一种生活方式，你在为自己而活。"

互联网时代，更是合伙的好时代。对每个想要做大事、想自己创业立门户的人来说，只要有想法就可以开创属于自己的事业。通过吸引资本、拉人合伙成立公司，打造一支属于自己的团队，就能实现梦想。由此可以看出，优秀的人才，可以作为你的合伙人，帮助你创业成功。单打独斗难成大事，合伙抱团才能赢得未来。

合伙是分享：共识、共创、共担、共享

合伙制也被人们称为利益捆绑的分享机制。因为告别了单打独斗，众人拾柴火焰高，真正实现了共创、共享和共担。

第一，合伙之前合伙人只有形成了精神上和目标上的共识，才能进行后续的合作。通过共同的价值观和愿景，释放各自的力量，然后成为一个团队。彼此同心同德，有着共同的初心和信念，共同去面对风险和挑战。

第二，合伙人之间是一种共创共赢的关系。之所以要合伙就是受价值驱动要素联动，合作协同创造价值，并以客户为核心形成价值创造，使所有合伙人协心协力持续奋斗。只要成为合伙人，前期一定需要相当长的投入期，这个时间能不能赚钱是未知的，可能不但没有收入还会不断往里投钱。这个时候不但不能抱怨，还得并肩作战。创业之初，合伙人不单单是拉人过来充数，涉及真金白银需要出钱的时候，合伙人就有了新的意义。只有涉及投资这一项才能真正体现共创精神。真正的合伙人都能放下眼前的利益，全力以赴，奔着光明前途勇往直前。合伙人在共同承担资金风险的同时，也全身心地付出努力，并在自己的领域开拓一片天地，为其他伙伴分担压力，提供支持。创业路上遇到的问题会越来越多，越来越难，越来越具体，所以必须有相应的专业人才去承担起来。所以对于创业的那些事，要真想做成，最关键的还是要有一个强大的合伙人团队，这远比寻找投资人更重要。只有那些有过一些经历（失败）的人才适合一起做事，至少他们懂得失败是什么，责任是什么，耐心是什么，而不是一味地好高骛远只去想好事。创业过程是最重要的，在过程中，在曲折的经历和成长中，我们才能真正找到最适合我们的合伙人，才能找到最适合的做事方法。而投资人则是在创业有了一定的雏形和规划之后，再进一步考虑的事情。这就是共创的意义。

第三，合伙人是一种共担精神和制度。合伙人为了企业的发展共同出钱、出力、出资源，愿意自我施压与担责。正是因为共担，才能实现共同的理想和事业情怀。合伙人要共同承担公司发展的责任，共同承担公司经营管理的风险，并共同享受发展成果。

合伙做企业有赚就有赔。前期参与价值分配的少，那么在承担风险上就相应少。共担是合伙人制度的主要决策方式，既然是合伙，当然得共同决策、共同分担责任、共同承担决策的风险。

当同时存在共创、共享和共担机制的时候，管理团队的利益将与股东高度一致。在这样的制度下，团队将更真切、更直接地感受到经营的好坏，也更加关心这一点，从而目标感更强。

第四，合伙人是一种共享与共治契约。合伙人经过了前面的共同出资、共同努力和共同承担之后，最后一定是共享成果，这是合伙的最核心目标。

合伙人的本质是一种共享机制，也就是价值创造者参与价值分配的过程。这个价值有大小，参与价值分配也要有侧重。

常规性工作的人，不创造价值只生产价值，相对来说参与价值分配的股份就少，或者不参与价值分享。另一种是项目性工作的人，按既定计划创造部分价值，可以参与价值分享，但参与价值的多少取决于企业的决策。第三种是创新性工作的人，比如能够拿到资源的人、创新研发的人，这类人员引领企业的发展，是真正的价值创造者。从工作创造价值的方法、角度来区分，就容易分出真正的合伙人，也能真正看到什么才是共享。

合伙人一起经历过风雨，享受了成果，就会形成一种共治的合伙精神，建立合伙的文化。员工不再是企业的治理对象，而更多是实现了自我管理的内部自治，决策上移、责任下沉、权力下放、共同参与，员工与企业家、股东站在同一战线，共同建设企业，促进企业内部生态圈的良性发展。

合伙是管理：去中心化、实现扁平化

在我国，从传统企业到互联网企业，大多数注重技术和产品，而对于经营管理往往看的不是很重。因为重视技术和产品，所以使得企业员工投入大量的精力和时间加班，但企业的效率仍然不高。其实不是员工不优秀，不积极，而是企业的制度有待改进。有不少企业会对员工进行培训、管理，但收效甚微。但现在的员工和高层管理者都不喜欢被管束。企业需要实现扁平化管理，这样才能让优秀的人才充分发挥自己的潜能。而合伙人制度之所以说是管理，是因为这种制度可以实现去中心化，实现扁平化的管理，使得每个人都能够发挥主观能动力，力往一处使，使企业得到利益最大化。

优秀的人往往更具进取心和较强的自制力，更喜欢宽松自由的工作和管理氛围，不喜欢受条条框框的约束。过多的约束不但会让他们失去创造力，发挥不出自身的潜力，时间长了还会不认同企业的价值观和企业文化。合伙就不同了，员工会被激励，还有分红和股权。对优秀的人来说他会更加积极工作，变为别人打工成为自己打工。

另外，传统的企业组织有不少弊端。比如，责、权、利不清晰。责、权、利这三个基本要素，分别指的是责任、权力、利益。责指的是部门职责、岗位职责、所担当的责任、应承担的义务；权指的是与岗位相关的权力、权限，通常是公司或上级所赋予的管控范围和决策区间；利指的是利益，包括收益、收入、福利等经济性的利益，也包括名誉、地位、待遇等非经济性的、心理上的利益。

从管理上讲，责、权、利三者是统一的。一个特定的工作岗位，首先要有工作任务，任务就是责任；完成任务需要整合各种资源和人力，这就是权力；完成好任务后，荣誉与收益就是利益。一旦责、权、利不清，组织运转就不可能顺畅，那又怎么能够谈盈利呢？

在传统的组织结构里，决策层掌握战略，管理层负责策略，员工负责执行。上层的人行使权力，中层的人承担责任，底层的人定期领工资。组织里每个人的责、权、利是不明晰的，这就让大家总是产生纵向和横向的利益对比，或责任推诿，或权力争夺，从而出现各种矛盾，组织架构危机四伏。责不清、权不明、利不公时，企业和员工的工作就失去了效率和动力。责、权、利不清晰，往往带来非常严重的后果。

对一个企业来说，如何进行权力分配往往是最难以把握的问题。上级集中权力管理会导致过度的专制，阻碍组织内部多元化意见的流动；而权力的过度下放，可能使得员工背离上级意见，形成完全自治的局面。

在传统组织里，职位越高权力越大，组织结构中金字塔底部的中、基层权力就越小，甚至大部分没有任何权力，更多的是完成工作的责任。

传统企业在分配方面一般只有两拨人：有权力的人和无权力的人。于是，权力就成了被拼抢的稀缺资源。有争抢就有人性中的阴暗面，比如，个人的野心、办公室政治、恐惧与贪婪。而无权力的大多数就产生了要么顺从，要么愤恨。为了与上层抗争，底层权力开始结盟，从而产生强大的非权力组织，组织团队与高层冷抵抗，对工作冷漠。

合伙企业可以弱化组织内部层级观念。以小米合伙为例，小米的组织架构非常简单，只有3层，第一层是核心创始人，第二层是业务负责人，第三层是普通员工。小米的管理层极少，合伙人之下就是主管，一名主管管理七八个小组，最后就是普通员工。小米没有工作报告，不召开年终总结，不设置绩效考核（KPI），也没有文件展示（PPT）。小米之所以能做到这一点，是因为它是一家轻管理型公司，企业员工将80%的精力用来研发产品，而不是进行团队管理。

从管理的角度来讲，由于个体力量崛起，我们很多企业，都把尊重员工摆在了最重要的位置。个体的释放摆在重要的位置，通过合伙制去管理中心化，让每个人都变成一个节点，一个合伙类型的人，通过每个人的贡献让组织产生最后的收益。

合伙制经营是一种较为特殊的管理方式。把重视人才放在第一位，把自驱式管理放在首位，促使员工的积极性更高，管理更趋于人性化和科学性。

合伙是更新：实现自我管理

合伙经营不是谁管理谁，谁压制谁，谁服从谁，而是要实现自我管理与自负盈亏。

合伙制的导入就是让合伙人和员工将组织结构进行划分，从而实现在大企业中拥有不同的小组织，最终实现自我管理和自负盈亏。

企业大了不好管理，难以实现持续盈利和发展，这同船大难调头是一个道理，所以必须将组织结构进行划分。比如，一个企业有 500 个员工，想要管理这些员工，让每个人都保持战斗力，基本很难。但如果将员工分为 10 人一组，组织 50 家自负盈亏的小组织，类似小公司一样，这就相对容易很多。500 名员工 10 人一组，分成 50 个自盈利组织，每个组织就像公司中的小公司，都是独立利润中心，计算每小时附加价值；除公司年度目标，每月月底 50 个小公司要开会探讨上月业绩，订下月目标，让每个人清楚地知道自己和别人为组织贡献多少，彻底实施工作管理。这 50 个小组就像经营自己的公司，全民式地参与公司经营，因此每一个细节都要做到最好，每一分秒都要不断精进。组织划分以后，对于哪个地方盈利了，哪个地方亏损了，都一目了然。老板能够对企业有直观的了解，也就是经营实现了可视化的效果，所以能够非常容易地找到管理中那些需要改善的突破口。

自主经营管理的核算能够进行每日的结算。这种高效的核算方式，使得管理者和现场员工都能第一时间得到统计数据。各级经营长和员工通过数据可以易如反掌地把握经营现状，并在此基础上，进行更加具体的沟通，及时采取相应措施。

举个形象的例子：

某食品店卖蔬菜、鲜鱼、精肉，以及各种加工食品。在这种店里，往往只进行笼统的核算，究竟哪种食品赚了多少钱，他们大多不太明白。即便统算是赚钱的，但实际上，可能只是精肉赚钱了，蔬菜还是亏的。如果明白了这一点，就会采取必要的措施改进经营方式，比如对蔬菜的经营从根本上进行改进，同时扩大精肉的规模等等，这样就能促进食品店的健康发展。

按这个思路出发，在企业迅速成长、组织日益扩展的过程中，为了更有效地经营企业，有必要采取合伙制模式，把组织分小。在每个小的组织中，每个月的销售额和费用的明细都能够迅速而明确地把握，这就是所谓的合伙制的自盈利模式，是一种独特的管理体制。

既然把组织划小非常关键，那么，如何划分就成了重中之重，是推行成败的要点。组织划分如果出现了偏差，无论后面多么努力，效果必定好不到哪里去。

划分的核心目的：

1. 看清企业实际状况；

2. 内部传递市场压力，实现内部竞争；

3. 达成全员参与的经营；

4. 快速并大量地培养经营人才。

要正确划分自盈利经营组织，必须以设置正确的企业组织结构为起点。组织划分需要遵循能独立完成一道工序且能创造市场价值这一原则，也就是说经营者可以根据服务种类、工作职能、产品类别、地域、工序等差异来把企业这一个整体划分成为一个个能够进行独立核算的小集体。

企业的经营有两个明显的趋势，一是企业的用人成本不断攀升，给企业造成了很多压力；第二个趋势是企业开始实行员工股权激励计划或合伙制形式，这样既能降低成本又能激励员工。不久的将来，企业如果不积极推行合伙人制，一定会被不断发展的时代浪潮所裹挟。企业实行股权激励计划或合伙人制以后，员工的思维、心态、行为和行为结果将会发生积极正面的改变，随之而来的必然是企业业绩的提升。

合伙是结盟：告别"单打独斗"

有句话说，一个人干不过一个团队，一个团队干不过一个系统，一个系统干不过一个趋势。团队＋系统＋趋势＝成功。你能连接别人，说明你有能力；你能被别人接链，说明你有价值。合伙制的诞生就是彼此连接和整合的产物，你有资源他有价值，合在一起就变成一个更加有力量的团队。阿里巴巴、小米、华为之所以相继成长为市值超百亿美元甚至千亿美元的大企业，共同点是拥有最好的合伙人团队。

办企业如此，大自然中也是如此。被称为植物中的巨人的红杉能长到二三十层楼高，但令人惊奇的是这么高大的树竟然根系并不很深，在较浅的泥土里也能长成参天大树。那么它们是如何避免树大招风被连根拔起的呢？科学家发现这种植物原来都是连片生长，彼此相触，根虽不深却紧密相连，除非把它们连根带树一块卷起，否则大风也撼动不了它们。

合伙做事就要靠这种团队的力量、结盟的力量，避免单打独斗。现在的商业环境很复杂，竞争无边界，跨界合作成了常态。没有哪一种企业模式是一劳永逸的，没有哪一个企业可以永远稳固，都需要借别人所长补己之短，实现共赢。如果还是以前的思想闭门造车，单打独斗很难生存发展。

比如马化腾、王健林、李彦宏，他们不缺人才也不缺钱，为什么还要跟别人合伙呢？他们需要整合更多的资源，打造更大的平台，提供更好的服务，所以他们要合伙，要联手。如此一来，他们将各自的胸怀、格局、眼光和境界组合在一起，成了更强大的铁三角。这无疑给我们上了一堂很好的团队合伙的课。

这是一个合作共赢的时代，这是一个资源共享的时代，这是一个优势互补的时代。一个人能够与多少人合作就能成就多大的事业，一家企业能与多少企业合作就能成就多大的平台。

合伙模式非常灵活，本质上是尽最大可能把有资源的人聚在一起，盘活社会资源。比如：体量较小的企业拿到了订单，自身无运营能力，放弃了又可惜，这时候可以寻找业务方面有运营能力的人来一起运作；自己在某个行业想尝试新的领域，但不想放弃手里现有的客户，这样的情况下可以将订单转给同行进行业务合伙；手里有客户资源但缺乏经验的外行人，虽有雄心壮志，但白手起家的投入过大，风险太高，此时不妨把订单交给内行的人承接，轻松实现创业梦想，这也是一种业务合伙。

所以，合伙模式的合作门槛不高，而且非常灵活，无论是资深的创业者还是刚入行的新人，哪怕是没有什么经验的门外汉，都可以成为合作对象。

当然，合伙首先要明确业务合伙人的定位和职责。只有这样才能清晰地知道工作开展的方向和重点，不然工作就会跑偏，就会出现花费了大量的时间和精力，但是产生不了任何效益的尴尬局面。其次要界定业务合伙人的职责。协助公司开拓当地市场，推荐相关行业和客户资源，配合公司做好客户服务工作，协助项目落地实施。

合伙是开创：打造员工与企业利益共同体

提到员工和企业之间的关系，大部分人觉得是两个对立存在的状态。企业追求利润上涨，员工追求工资上涨；企业要求员工拼命干出成果，员工希望工作轻松挣得多；企业希望员工负责任，企业的经营困难，员工希望企业能够体恤自己生活的不易。所以，这种关系似乎永远是对立的。出现这种情况往往是雇佣制和层级管理制导致的。

为什么说合伙制是一种开创呢？因为合伙制在公司内部推行一种制度，这种制度往往考虑的是企业和员工共同的利益，而不是只强调公司的利益而忽略员工的利益。合伙制改变了之前简单的雇佣和被雇佣关系，渐渐向合作共赢转变。企业提供了平台，让员工得到成长和回报。在这样的前提下，员工不再觉得自己被压榨，反而与企业站在了一条战线上。

阿里巴巴集团首席战略官曾鸣先生，曾说过："虽然未来的组织会演变成什么样，现在还很难看清楚，但未来组织最重要的功能已经越来越清楚，那就是赋能，而不再是管理或激励。以科层制为特征、以管理为核心职能的公司，面临着前所未有的挑战。组织的职能不再是分派任务和监工，而更多是让员工的专长、兴趣和客户的问题有更好的匹配，这往往要求更多的员工自主性、更高的流动性和更灵活的组织。我们甚至可以说，是员工使用了组织的公共平台服务，而不是公司雇用了员工。"

这样的分析，正是未来企业与员工实现自主关系的真实写照，也将真正实现员工与企业成为利益共同体的打造。

大企业往往意味着超级细致的分工——每个人只能参与价值链上的一个小环节，员工难以直接感知到自己的劳动到底为客户创造了什么价值；大企业也往往意味着超长、超慢的内部流程——每个人要实现跨部门协同都需要付出很大的努力，组织本身的复杂性最终将一点点地压垮个体的协作意愿。

过去传统的层级管理有一个非常大的问题，不管什么指令传达时，时间都比较长，部门相互之间扯皮。这就是过去所说的大企业病，会形成很多很多的死角。很多地方管理层看不过来，如果为了防止出现问题，管得非常细，就把他们管死了；但如果放活，又会产生非常多的漏洞，这是全球大企业都难以解决的问题。一旦形成自主经营体，大家结合起来为了一个共同的目标，共同去完成它。如果能把自主经营体做出来的话，对大家都有好处。

当大公司逐渐变成了低效率的代名词，那么企业组织的规模将注定走向小微化，大企业式的多人企业最终也将会裂变为很多个合伙式的个人自主经营体。甚至于一个单独的个体也会进一步地碎片化——当每一个人参与到以任务为中心、以流程来驱动的各个不同的临时性组织中去时，他们可能会担任不同的角色，在这种现象越来越普遍之前，能够在不同剧组里同时出演不同角色的演员，其实已经是这条道路上的先行者了。

海尔的人单合一模式就是一种合伙制创新，这种模式让每一个执行者变成了合伙人。

海尔集团张瑞敏提到过，海尔在探索一个自主经营体，期望建立一个像时钟一样的创新机制，让企业整体充满活力，让每个员工主动去创造客户价值的同时体现个人价值，自主地核算投入产出。

什么是自主经营体呢？海尔人有自己独到的说法：

自主经营体机制需具备两个条件：一是矩阵组织；二是以人为索引的核算体系。每个自主经营体必须具备三个要素才能真正完成双赢的目标：端到端、同一目标、倒逼体系。这些自主经营体就如同自组织，不但能够迅速感知外界变化，发现和创造客户需求，而且能够不断修复价值目标，使其不偏离客户需求的最终目标。

端到端：即市场一线经理或产品代表从客户的难题出发，到满足客户的需求为止，即从客户端的需求到满足客户端的需求。

共同目标：即产品部定下一个目标之后——如销量、销售额、利润等，这些目标不是个人的，它是所有团队成员共同的目标——按照共同的目标来满足客户需求，解决客户问题。

倒逼体系：即将用户的要求作为目标，倒逼企业内部所有流程为：一线产品代表员工面对客户，将客户的难题和需求带给产品项目团队，并和项目团队共同来研究和解决客户问题。因此，要解决问题，员工就倒逼着领导提供资源、提供支持、提供服务，形成领导为员工服务，员工为客户服务的倒三角体系。

另外还有一种说法就是三自体系，即自我创新、自我驱动、自我运转。

这种三自体系，说白了是要让产品项目组员工自己当家作主，成为小企业家，关注客户需求，关注组织管理，关注组织利益。某种程度上说他们就是一个独立的小企业家。因此，对海尔员工来说，他们要参与一场全员升级行动——成为自主经营的老板。从一个被动的按照指令完成任务的打工者，到按照市场规则，通过自主经营，实现最大的自我价值和最大的企业价值经营者。

让员工当老板，员工与企业的关系，实际构成的是一种自主经营核算关系。海尔高管用了三句话精彩地概括和描述了这种关系——留足企业利润、挣够市场费用、盈亏全归自己。这三句话也就是说：海尔要在以客户为导向的市场前提下，用自主经营的机制核算到每一个SBU经营体。而其中，留足利润体现的是企业可持续发展和竞争力，挣够市场费用才能谈得上市场经营和市场服务管理，而盈亏都归自己则是一种全新的激励机制，让员工去承担风险，独立经营，培育经营风险意识和责任能力。

因此，海尔的这种人单合一自主经营体合伙模式，不仅仅是管理方式的创新，更是管理模式的革命，是对企业管理的颠覆！

合伙人机制之所以能够打造员工与企业利益共同体，从根本上区别于以往的传统的单纯雇佣式，一方面体现了对人才价值的贡献和企业的认可，并且给予员工合理回报的机制；另一方面，通过合伙模式能更大程度上激发员工积极性，从而起到保留和吸引人才的目的。

合伙是互补：各取所需，共同成长

我们都知道龟兔赛跑的故事，后来经济学家对这个故事进行了全新的演绎。龟兔第一次赛跑兔子认为自己胜券在握而过分骄傲，睡着了，乌龟比兔子先到达了终点。第二次赛跑，兔子吸取了上次的经验没再中途睡觉，一口气就跑到了终点，兔子赢了。第三次赛跑，乌龟制定路线，结果快到终点时，一条河挡住去路，兔子着急却没有办法过河，而乌龟爬到河边，慢悠悠地游过去，得了第一名。龟兔第四次赛跑，这次兔子和乌龟总结以前的经验，在陆地上兔子驮着乌龟跑，很快跑到河边，乌龟驮着兔子游，结果两只动物一起到达了终点，实现了双赢的局面。龟兔的4次赛跑诠释的正是经济学方面的合作状态。兔子跑得再快也会遇到自己过不去的河，所以，第四次龟兔联手达到了双赢。合作方面需要优势互补，才能实现双赢，可以说合作是手段，双赢才是目的。

很多成功的商界人士都深深意识到了合众人之智慧，对自己事业成功的重要性。曾任美国某大铁路公司总裁的史密斯曾说：人的成功只能来自他所处的人群及所在的社会，只有集个人之所长并充分利用他人的智慧，才可以为事业的成功开拓宽广的道路。

合伙做生意尤其是如此，合伙人之间是一种优势互补的状态，各取所需最后达到共同成长和双赢的目的。把专业化人才纳入合伙人团队当中，还要懂得把他们捏在一起，让他们各司其职，彼此互补，才能发挥出1+1>2 的团队效能。

古往今来，无数专家学者、哲人圣贤苦口婆心地强调团队合作的利处，然而什么样的团队才是一个好的合伙团队呢？确实，仁者见仁，智者见智。马云曾表达过自己对团队的看法，他说："我认为世界上最好的团队就是唐僧团队。唐僧是领导，也是一个最无为的人。表面看唐僧迂腐只知道获取真经，但却是对目标最笃定的一个人，不气馁也不回头，关键不达目的不罢休。孙悟空脾气暴躁却有通天的本领；八戒好吃懒做但情趣多多；沙和尚中庸，但是挑着担子任劳任怨。这样的团队各取所需又优势互补，远比一个唐僧带领三个孙悟空更加精诚合作、同舟共济。有了唐僧，团队有了目标和信仰；有了猪八戒，团队有了乐趣；有了沙和尚、就有人挑担子；有了孙悟空，才能扫除前进路上的障碍，少了谁都不可以相互支撑。虽然师徒四人关键的时候也会吵架，但价值观不变。

马云的阿里巴巴合伙团队也类似于唐僧的团队，在经历互联网低潮的时候，实现了人员的低流失率。

一个合伙团队就像一堆积木，积木每一块的长短大小都不尽相同，但是想要搭起一座城堡，每一块都有适合自己的位置，一块也不能少。唐僧团队也是这样的，虽然每个人都有这样那样的缺点，但是在团队内部能够很好地分工合作，内部相互互补，最终才能经历九九八十一难取得真经。

　　一个真正优秀的合伙人团队一定是由各种各样的人组成的团队，不同性格、不同个性、不同领域的人才聚到一块，不仅能让团队内部优势互补，同时也能让团队充满活力。

　　合伙人之间的互补不仅仅是资源上的互补，更多的是性格上的互补和能力上的互补。性格上的互补就跟唐僧团队一样，有急性子的孙悟空就有慢性子的沙僧，有一板一眼的唐僧就需要有充满烟火气息的猪八戒。只有彼此的性格不那么相像，在遇到问题的时候才不会争吵不休，才会看到对方性格带来的优势。如果说两个人之间性格互补，当公司有情况的时候两人哪怕有不同的意见，也能够很好的交流，共同促进公司的成长，这样的做法才是对公司、对自己有益处的。

　　杨宁和周云帆被商界称作黄金搭档，两人从同学到同事，一起创建Chinaren网站，一起进入搜狐，一起离开，最后一起投入全部身家创办空中网，并肩作战将企业推向纳斯达克。这个二人组合最后能够创业成功，除了是打不散的铁杆兄弟，还有一个重要原因——两人互补性非常强。他们一动一静，一张一弛，一内向一外向。正如杨宁所说："做企业可能会犯一些错误，你经常会有很冲动的时候，另一个人会及时地泼一些冷水。就像雅虎的两个创始人杨致远和费罗，费罗是技术天才，杨致远则有商业思维和头脑。这种搭档之间的互补性格，往往能够成就大的事业。"

　　所以在合伙人层面，合伙人之间需要的就是互补的状态。

第四章
合伙人具体
有哪些模式

企业层面的合伙模式

企业层面的合伙一般分为三种模式，分别是：资本合伙人、创业合伙人、事业合伙人。我们逐一来看这几种模式究竟是怎么运作的。

第一种：资本合伙人

资本合伙人，也称为"三人行资本战略合伙人"，是帮助企业进行资本融资、资本战略规划和资本路径落地执行，持续为企业发展提供资本上的资源和支持的合伙人。简单地说，资本合伙人就是筹措资本的合作伙伴，他们是公司的活标杆、活制度，是去 CEO 化、激发组织活力的动态CEO 群体。在高级人才密集的业态和组织中，合伙制的文化精神内核永远具有生命力，是组织制度和管理建设的灯塔，是内部负责资本工作的最高部门。基本上可以这么理解，一个优秀的资本合伙人使公司的股权价值变得更加值钱，他的工作成效直接决定了这个公司的资本价值是不是被充分地反映。随着现代企业制度的成熟，资本市场已经变成一个企业发展不得不考虑的组成部分。资本合伙人这类角色就像隐藏在企业背后的资本操盘手，让一个企业在资本市场上焕发出更大的吸引力。显而易见，资本合伙人对企业的影响非常大，它甚至可以影响一家企业最终在资本市场上的成败。

　　资本合伙人不但要懂融资更要懂投资，同时也要具备统筹能力——能统筹融资又能统筹投资。因为投资决定了是不是能够把融资带来的资源迅速转化为公司的成长动力，而成长动力决定了公司市值的高低，市值高低又决定了未来的融资能力，三者是相互影响的，所以一个资本合伙人真正要统筹公司的资本运作，要融资、投资和统筹三者都能兼顾，统一协调，做好管理。这是一个高阶资本运作的资本合伙人的重点工作。

　　资本合伙人最初的形式是一群价值观相同，对某个项目抱有期望和愿景的人，共同出资进行项目投资开发的一种合伙模式。这种模式的优点是可以很轻松地筹得资金，众多的参与者可以降低前期项目投资的风险。常见的投资合伙有合伙做咖啡馆、合伙投资某个电影。组团投资用在影视领域模式设计是多层次的，既可以进行企业股权融资，也可以将项目分列出来，进行债权融资；或者将产业链上的重要资源穿接在一起，引入一个公认的结算机制，能够依靠一切资源，进行产品创造，并且形成公平的利益分配模式。还有一种形式是项目跟投，是在获取项目后，要求下属公司管理层、核心员工与公司同时进行投资的行为，以实现项目利益与个人利益的捆绑机制。在项目跟投的作用下可以减少对经营风险的担心；同时，变下属公司管理者为经营者，能够起到提升经营效率、改善经营业绩，降低人员流动的作用，大家成为事业共同体，风险、收益共担，极大地激发了组织效率与活力。

　　项目跟投合伙模式将公司的业绩、投资的风险与员工联系在一起。在项目开发的过程中，项目所在区域公司相关人员要求必须跟投项目，共享利益、共担风险。这种模式使得所有人员的收入不再仅仅靠个人绩效考核来定，而是与公司的收益、项目的收益紧紧捆绑在一起。

创业要成功，资本合伙制度是必不可少的手段，不少企业老板已经有了这个意识并积极去开创资本合伙模式。

第二种：创业合伙人

创业合伙人相较资本合伙人来说，合的不仅仅是钱，还有其他的资源。一个项目能不能做起来，不仅仅需要钱，还需要销售、生产、售后和管理等多方面的人才。创业者一个人的能力再强，但个人时间有限，同时协调这些事务，三头六臂也忙不过来，所以必须有人来帮他，这就是创业合伙的基础和需求。尤其是一些初创的小公司，由于规模小，开高薪雇佣员工也很难招到人，业务的可复制性没有办法证明；刚刚创业往往到处要花钱，人力成本不能高，所以只能去找合伙人，出让股权换取合伙人的能力，换合伙人低薪加入。

创业合伙也可以称为平台制合作，是一个被大量的新公司大量需要在原有业务体系上孵化新业务的公司所采用的模式。也就是企业搭建一个平台，让员工在平台上进行各自经营。这种合伙制经营模式一般对人员不做太大限制，以自愿参加及出资为前提，但只能融入公司的平台中。华为最初就采用"奋斗者＋合伙人"的平台模式，凝聚人才，激活人才，并取得了巨大的成功。

比如，某养殖集团就是采用的这种"公司＋农民"平台制的合伙模式。公司负责育种、孵化、饲料、养殖技术服务和销售等环节，养殖环节由农户负责——农户提供自有土地，投资养殖场，并负责养殖。这样的合伙模式，对于利益分配方面，公司首先照顾农户的利益，接下来是员工和社会。虽然农户和该养殖集团是一种合作关系，而不是一种企业管理式的关系，某种意义上不受公司直接管理，但在整个模式中，可以定义为合作农户为公司的"员工"。而这些"员工"和集团的关系用现在的逻辑来分析的话就是合伙人。养殖集团提供平台，"员工"借助平台进行创业和发展。而为这些"员工"提供平台服务的员工，养殖集团也给了他们很好的福利，让每个人在属于自己位置的上都能得到应有甚至超出范围的福利。农民和员工满足了自己应该有的归属感，自会提高生产积极性。

伴随着互联网与产业融合的不断加深，平台合伙的类型越来越丰富，与产业融合的范围越来越广。平台逐步由一种商业现象发展成为一种经济形态。可以说，我们已经进入到平台经济时代。

第三种：事业合伙人

事业合伙人制度是一种类合伙人的企业管理机制制度。但不同于合伙人制度，事业合伙人制度包括三个部分，第一是合伙人持股计划，第二是事业跟投计划，第三是事件合伙人管理转变成扁平化的架构而非科层结构。

事业合伙人通常表现为成立合伙企业的组织形式对当地项目进行跟投，出资成为项目的合伙人。依据贡献的大小，包括资金的贡献、能力的贡献、智力的贡献、资源的贡献，双方形成合作股权的比例，然后赚取短期的收益价值和长期的资本价值。

事业合伙人的目标是为了加速公司发展，实现企业与事业合伙人共同成长，达成与事业合伙人共享、共担、共创的目标。事业合伙人是员工分享企业发展收益的一种分配模式，是实现公司与事业合伙人之间价值共创、风险共担、收益共享的方式之一，也是公司后期进行股权激励的基础，是公司激励体系中重要的一部分。也就是说，事业合伙人机制就是激发各层面核心经营团队的活力，解决"为什么要奋斗"的问题。

从前面三种企业层面的合伙模式来看，未来以互联网和去中心化为思想、以"平台＋分布"为模式、以事业合伙人为机制的管理模式将成为新的组织管理形式。

一个创业团队大致上需要创业者、员工、合伙人、顾问和导师。企业需要看自己的发展情况考虑合伙人的加入。比如，为了解决企业启动资金的问题可以采用资本合伙模式；扩大市场规模的时候，可以采用创业合伙人模式；需要不同的创业资源和更积极的激励时，需要加入事业合伙人。合伙人加入创业团队，可以降低创业风险和资金上的风险。同时，当群策群力的时候，合伙人能够提出有效的决策意见和建议。

业务方面的合伙模式

业务层面的合伙顾名思义就是与业务相关的合作伙伴。业务合伙模式非常灵活，本质上是尽最大可能把有资源的人聚在一起，盘活社会资源。业务层面的合伙适用于多种情形，涉及的具体合伙形式也分几种，分别是：城市合伙人、项目合伙人、门店合伙人、流量合伙人。

第一种：城市合伙人

城市合伙人是指企业与当地城市组成的利益共同体，两者通过合伙的模式实现创业。

城市合伙人将与企业合伙在当地开展业务，如果亏钱，共同亏钱；如果赚钱，共同赚钱。也就是城市合伙人用自己的资源和企业进行合作，彼此取长补短，互通有无，达到利益的最大化。城市合伙人是在传统分销渠道的基础上融合了粉丝经济、会员经济、合伙人制度等一系列中心思想从而形成的新的商业模式。

城市合伙人目前有三种，包括股权架构上的城市合伙人、无任何成本式的城市合伙人、保证金式的城市合伙人。

• 股权架构上的合伙关系，一般是把现成的模式、系统、经验和资源都提供出去，并设计合理的机制均分回报和资本收益。这样的模式符合《公司法》中有限合伙与普通合伙人公司的设置基础条件。其模式的代表是功夫熊。功夫熊在每个城市成立独立公司，并由城市合伙人担任CEO。双方不再是上下级关系，而是合伙人关系。功夫熊提供自己的模式、系统、经验和资源，并设计合理的机制均分回报和资本收益。

• 无任何成本式的城市合伙人，一般不与本公司员工签订，属于非正式编制人员。合伙人不需要支付任何费用，收入形式是"无底薪＋佣金"。典型的例子就是阿里巴巴的城市合伙人模式。

• 保证金式的城市合伙人，基本上与无任何成本式的城市合伙人类似，唯一的不同在于在成为城市合伙人之前，需要支付一笔加盟保证金。

城市合伙人具有不用囤货、人工成本降低、可复制、收益大、风险小等一系列优势。所以，落实好城市合伙人模式也是企业未来的发展途径。当然，要找城市合伙人首先自己先要有一套可被复制的成功经验，严格挑选合伙人，设计有利于合伙人的分配机制，由专业团队搭建合伙的战略布局和股权架构，有明确的激励机制和退出机制。

第二种：项目合伙人

项目合伙人是指公司有一个比较有前景的项目，可以动员公司的员工跟投，这种也有压注的成分在里面。公司有实力，公司经营项目有实力，这种跟投往往成功概率很大，反之亦然。最著名的就是万科的项目跟投。公司管理层和项目管理人员强制跟投，总的跟投比例不超过3%，没有钱可以找公司帮助解决，其他的普通员工和供应商都可跟投。这样一来，费用减少了，效率提高了。后来碧桂园也采取这种模式，并干得热火朝天，市值一路暴涨，高峰期超过 5000 亿，赶超了万科。这都是依靠这种模式达到的。

第三种：门店合伙人

门店合伙人是在传统门店经营出现了问题的情况下不得已的转型。无论是直营店还是加盟的连锁店，绝大多数都面临着招人难、留人难、业绩下滑、拓店缓慢、同质化经营模式严重等诸多问题。有许多零售连锁企业的门店开始了合伙人模式，目的就是解决快速扩张、人才的吸引和保留的问题。对于零售企业而言，门店合伙人计划能够给企业提供强大的人才支持。

门店合伙人制度的核心就是用激励机制来留住人才。公司提供资金、产品、资源和平台等，核心人才提供技术、才能、劳动等。即公司为合伙人提供创业平台，实现公司与合伙人之间的利益共享与风险共担的机制。

门店合伙人的参与范围一般是门店经营中的重要员工，大多是店长，激励的范围是整个核心运营团队或所有员工，比如永辉超市激励的就是所有员工。一般门店合伙人的激励模式有超额分红、投资分红和虚拟分红三种，三者不同之处在于合伙人是否要出资，门店利润分享是分享全部还是增量。这需要根据门店的经营需求而定，如门店收入或利润，可以设置业绩达到一定条件时进行分红；若内部有培养店长的需求，可以设置新店长培养方面的考核指标。收益实现的方式主要为门店分红，根据激励模式的不同决定分享超额部分还是整体收益。采用虚拟分红或超额分红，通常是针对岗位设计的激励机制，若出现离职等情况，通常直接收回分红权。

第四种：流量合伙人

流量合伙人往往是指私域流量之间的合伙，这种模式有几个核心功能，其一是导流，能够从公域流量中吸收、转化和提取成私域流量。比如罗永浩带货就是面对公域流量，大家都来围观，今天是这群人，明天是那群人。而董明珠直播带货就是通过公域流量导成私域流量，依靠用户对董明珠产生兴趣而重新注册围观，从而成功转化成私域流量；其二是连接，流量合伙的目的是让各自的私域流量产生点赞和互动，把每个人的流量合起来就是一个大的流量，就能够提高成交率和转换率；其三是具备推广作用。私域流量之间的合伙能够带动更多的粉丝，变成一个自动自发的超大自媒体。以小米为例，任何一个新产品上市，都会有几千万人点赞，在互联网上就会形成头条效应，轻松上热搜。所以私域流量做得好的企业一般都有一个举措，就是减少广告投入，增加消费者的服务投入。这一点以流量为基础的营销在传统时代很难做到，但在互联网时代就很容易实现。

生态链合伙模式

生态链合伙人是一种区别于内部合伙的外部合作模式，是将从厂商到经销商这些资源整合起来形成的合伙模式。什么是生态链呢？它是指企业把供应商、经销商、客户等这些有资源的人发展为合伙人的一种模式。这一类合伙人一般不是指企业内部员工。他们往往不会参与企业的内部的管理，只是以股权比例的多少来划分利润。

生态链合伙人最大的特点就是以人为本，同时吸引更多外部优秀的合伙人。在合伙企业中，生态链合伙模式是前面我们讲的几种模式的集合。生态链合伙人比较有代表性的企业如海尔等，都采用生态链合伙人制度。较其他的方式而言，生态链合伙方式更为开放，它打破了企业内部纵向的角色、横向的分工。这种组织体系由企业建立一个知识的平台，在这个平台上合伙人牵头建业务团队，各业务团队独立决策，自负盈亏，同时合伙人对项目抱有充分决策权，享有项目收益。因此平台合伙人对工作积极性很高，归属感很强，公司的决策由领导者变成了支持者和服务者，为他们提供技术、人才等的资源。

生态链合伙模式，可以打通上下游渠道。比如，一个合伙人加入某大集团的某个区域外部合伙人制度体系，他将上下游渠道商供应链以及营销团队变成一个有机的整体，打开了产品的产业链资源，共同构筑了一个生态模式的大平台，改变了这个集团以及区域上游的一个压货压力，同时也改变了下游的经销商。这样他们就形成了利益共同体，会共同把这项事业做大。所以这也是很多人比较喜欢的一种合伙模式。

当然，任何模式有好的一面，也有坏的一面。生态链合伙人模式也存在一定的风险，最好的方式是以合伙企业的形式出现，尽可能避免直接注资股份的这种方式。除此还应该注意几点：一是外部合伙人的代理商和非外部合伙人的代理商存在着权力区别，任何平衡二者利益的举措都可能挫伤代理商的积极性。代理商进货成本低，出于对短期利益的考虑，可能不会进行市场推广，而是直接进行低价销货。这样的操作会对企业的产品市场价格体系产生干扰。二是外部合伙人模式大大调动了代理商和销售人员的积极性，从另外一个角度来看，也可能会导致代理商的盲目扩张。针对这种现象，对生态链合伙人的激励措施可以采取这样的模式：公司激励股权总份额占30%；同时为保证代理商的利益，公司不管是否盈利优先拿出0.5%作为分红分配给完成目标任务的代理商。

如果说未来的竞争是供应链竞争，那么供应链竞争也将催生生态型企业。只有生态型企业才能把供应链纳入整个生态系统中，发挥供应链的最大优势。在市场中，供应链也是产业链，生态型企业将是一种产业企业，覆盖整个产业链。建立生态企业的本质其实是建立产业链，只不过并非简单的产业链，而是一种产业群落。因此生态型企业最终将发展成为产业生态圈。

虚拟股合伙模式

什么是虚拟股呢？虚拟股指的是公司授予激励对象的一种虚拟的股票或者是股权激励对象可以享受一定数量的分红权和股价升值的收益，但没有所有权和表决权，不能转让和出售，在离开公司的时候自动失效。

虚拟股本质是一种公司内部的奖金激励机制，它的优点是：不影响公司股权结构，原股东控制权不受影响；设置灵活；收益与公司业绩挂钩；进入和退出简单。其缺点是：公司的现金流压力大；注重短期行为；缺乏安全感，保障性差；风险和收益不对称。虚拟股激励模式各有利弊，如果是用来激励奋斗者，那么可以用虚拟股进行分红激励；把优秀者选拔出来以后，可以改为实股进行激励。

虚拟股做得好的代表企业就是华为，华为的虚拟股权激励可以称为分钱不分权。华为的股权激励不是一蹴而就的，之前经历过很多的曲折，从第一阶段的员工直接持股到第二阶段的虚拟股权通过工会来使用，再到第三阶段也就是奖励期权与虚拟股并存的股权激励计划，也是一步一步规划着进行的。

1996 年的时候，华为第一次提出了内部事务的思路，当时给员工参股的价格是每股 1 块钱，以税后利润的 15% 作为股权分红。这也是一种内部融资的方式，增加了公司的现金流，也绑定了创业团队。到了 2000 年以后，华为经历了第一次的经济寒冬，员工的股权被调整为虚拟股权，即在原来分红的基础上，把公司净资产中增值的部分拿出来和员工分享，但是员工没有投票权，也不能对股权进行转让和出售，本质上这也是一种超额利润分红的做法。

华为的股票也从最初的每股 1 块钱，变成了按照净资产。同时华为还设定了 4 年的期权行使的期限，每年兑现额度是 1/10。到了 2008 年，全球金融危机爆发，华为又进行了大规模地配股，根据员工的不同级别设置了配股的上限，我们也称之为饱和配股。不少老员工因为持股已经达到了上限，没有参与这次配股，也给员工持股留下了一定的空间。要调整饱和配股的上限，最直接的办法就是调整自己。员工自己要成为奋斗者，华为也出台了很多具体措施去激励、识别奋斗者。有资格参与队伍的员工，还要和公司签订协议才能获得股权，这种做法也叫时间单位计划。员工可以在 5 年之内享受分红权，一般是 5 年后享受一次净资产的增值权然后全部清零，按照条件重新配股。这就彻底解决了老员工躺在公文包上睡大觉的问题。

根据华为虚拟股合伙的模式，我们总结了这个模式的特点：

第一个特点就是典型的全员持股。工作到一定年限之后员工就有机会配股，签订协议就可以享受分红，所以华为持股的人数非常多。任正非的股权比例也只有 1.1%，其余的都分给了员工。

第二个特点是向奋斗者倾斜。华为越来越强调以奋斗者为本的价值观，配股要跟员工的工作绩效、工作态度、任职资格、岗位级别等匹配。只有这样才能激励和识别奋斗者，让奋斗者享有公司的剩余价值分配。

第三个特点是虚拟股权的收入在员工收入中占比很高，一般华为员工的工资、奖金、股权的收入比例为 1:1:1，各占 1/3。级别越高，股权收入的占比就越高。

第四个特点不能只想靠股权收入过日子。华为会不定期地调整股权分配的方法，动态设计股权的模式，强调劳动分红与投资分红要达到平衡的比例。

最后我们总结一下，虚拟股主要是分钱分的好，但分钱的过程当中要保证创始人的控制权。企业释放分红权，向优秀的员工、奋斗者倾斜，根据具体的岗位级别和绩效挂钩，实现动态的调整，人人有机会，有收获，这样才能达到员工、老板、公司的共赢。

那么，虚拟股如何给中小企业赋能呢？

股权激励的本质是企业所有者对企业经营者、管理者的一种长期激励制度。在这种制度安排下，企业所有者让渡部分的股权，利用股权的长期收益，对经营者进行激励，让其跟企业保持利益价值一致性，保持企业的持续增长。经过不断地应用和发展，股权激励的适用对象也在逐渐扩大，现在已经不再局限于企业经营者和管理者，更多的普通员工也可以进行应用。

每个企业中的高级管理人员都是稀缺资源，他们自身的特殊属性决定了他们在企业中具备不同一般人的权利义务。年薪制是以年度为单位，依据企业生产经营规模和经营业绩确定并支付经营者年薪的分配方式。是以股权激励的企业经营管理者参与企业剩余价值的分配，具体的方式就是将企业高级管理人员的年薪报酬中的一部分，以现金支付，而将企业的部分化为虚拟股份，同时规定这种股份持有的期限，到期后一次性或者是分批次以现金的形式进行兑付。这种激励最大的特点就是引入保证金制度，通过一定的杠杆效益可以成倍放大激励强度。企业管理人员想要获得丰厚的报酬，就必须使得企业的经营业绩获得高速的成长；企业管理者因为业绩的下滑也要面临报酬减少的风险。

大多数中小企业因为不能上市，股票无法流通，对股票净资产定价的方式来激励难以实施，此时企业可以选择关键财务指标来替代。股票作为计量标准，这样的评价在企业监管到位的基础上是可以有效的。资产规模相对较小，员工的作用也更为明显，中小企业想要获得更好的发展，只注重对高管的激励是不够的，还应该对员工进行激励。虚拟股不同于虚拟股票，它实际上是一种享有企业分红权的凭证，持有者不再享有其他权利。因此股份发放，不会影响公司的总体的资本和股权结构，具有很好的内在激励作用。不断去激励员工，通过其自身努力做好本职工作，给企业带来更高的利润，从而获得更好的分红和收益。持有公司的股票就意味着占有公司的股份，具有公司的股东资格，对公司享有股东的权利，而持有的股票越多，占有公司的股份就越高，可行使的股东权利就会越大。其实很多的知名企业和上市公司都采用了这种模式。

当然，企业想要用虚拟股的方式来激励员工是有前提的。虚拟股激励方案的兑现，需要公司支付一定数量的现金，因此发放虚拟股的前提是激励模式相对比较适合、现金流比较充裕的非上市公司或者上市公司。

虽然虚拟股权拥有众多的优点——比如只要签一个内部协议就可以了，既不影响公司的股权，也无须考虑股票来源的问题，但由于企业用于激励的现金支出可能会比较大，会影响公司的现金流——毕竟不是所有的企业都能保证持续的高增长和高利润——因此如何去设置、分配虚拟股是关键的问题。对的东西如何用在对的企业上面才能发挥最大的价值，所以，要根据不同的行业、不同的企业属性、企业经营情况和现金流特点等做量身定制，最大化发挥虚拟股的作用才是这个合伙模式实行的要点。

第五章
适合合伙人
机制的企业

知识型企业

知识型企业是指运用新知识、新技术，创造高附加值产品的企业；进行企业知识管理，重视创新研发和学习的企业；以知识产权战略、知识发展战略和知识运营作为主要发展战略的企业；以知识服务为导向，充分利用和组合国际、国内现有成熟技术和管理工具，通过知识服务、创新和各种经营模式达到高附加值的知识产业，创造高附加值的产品、品牌和重视无形资产的企业；以高新技术和现代服务咨询业等知识产业为重点发展的企业。

为什么这样的企业更适合搞合伙制呢？因为知识型的企业对于员工的创造能力、技术能力有着更高的要求和不断创新的需要。员工都是知识型的人才，表面看他们是员工，上面有老板，但他们与普通员工又有着本质的不同。他们还可能是某个领域的专家，他们的专业领域可能不宽泛，但在专业领域一定懂得比老板多，而且他们也知道这一点。无论在组织中处于多低的成绩，在专业领域他们都比老板精通，因此知识型员工是同事和合作伙伴而非下属，必须按照这种方式对他们进行管理。

以前是谁拥有土地谁就具备了生产要素，但随着时代的发展变化，尤其在发达的经济体中，知识已成为真正的资本。知识型员工知道，即使他们的知识并非很高深，也可以让他们有流动的自由。所以，怎样保证这些稀缺的知识型人才不流动或愿意留在企业效劳，就需要一套有别于层级制管理模式的激励手段，这个时候合伙制模式就是一个很好的模式。

人才的地位在逐渐提高，也使得企业股东获得剩余价值的机会遭到了挑战。近几年互联网高管的离职就是很典型的案例，如万科毛大庆离职自己创业，腾讯的深圳研发中心总经理与房东东。真正的知识型人才如果脱离某个企业，不仅会带走他的能力和技术，同时也会带走投资人、人脉、资源。所以，我们毫不夸张地说，人才在企业发展过程中的重要性正不断超越资本的重要性，逐渐成为影响企业赚取剩余价值的重要因素。

因此，想最大限度提高企业效率，就需要升级和替换雇佣制，将资本投入作为成本，由关键生产要素知识、服务提供方的人才来享受企业的剩余价值，为人才打造追梦逐利的平台。也就是说，在这种制度之下，这部分人不再单纯是被雇佣者，而是合伙人，他们将取代股东，成为真正的企业发展推动者和收益人。

知识型的企业要想发展，最根本的任务就是找到提高企业成员能力与士气的因素。对知识型企业成员而言，能让他们产生远景的除了符合他们的价值观还要具有挑战性。组织的远景是否有意义，取决于它与企业成员共同价值观的吻合程度。企业管理者应反复强调企业的宗旨，让员工了解他们的价值并引起共鸣。

这是重新界定关系的时代，谁把自己当老板看，谁就会死得最快；谁把自己当雇员看，这辈子最没出息。对于知识型人才而言，他们本身不像普通雇员，他们有着特殊的才能，更需要被重新认定身份和关系。如果是单纯的雇佣制会让他们看不到远景；如果采用合伙制，他们会在贡献知识和力量的同时，觉得是在为自己创新，为自己的目标打拼，所以会更积极地投入。

在传统的雇佣制公司中，资本方拥有绝对的话语权，通常是控股股东大权独揽，员工缺乏话语权；而且等级关系明显，官僚主义比较常见，部门之间存在利益冲突，隔阂也比较大。在利益分配方面，传统雇佣制更多地倾向资本方而非员工，员工几乎很难享受公平的待遇。

合伙人制可以有效地协调资本投入与智力投入的关系，合伙人采用有限合伙模式对企业进行持股，突破了传统的雇主与雇员的雇佣关系，使得资本投入和智力投入能够共享企业利润，增强企业员工的归属感，并能提高其积极性。

知识型企业能否推行合伙人制度的第一个重要因素就是企业的决定性生产要素是否掌握在个人手中。比如律师事务所、会计师事务所或者咨询公司、轻经纪公司，一定需要以合伙人制度来进行激励。因为这类型的知识型企业是人才个体服务于客户最终产生的经济效益，更需要用合伙制的模式来保障他们的权益和价值。相反的，传统制造行业、能源行业的企业剩余不基于个体的知识或者服务能力，因此便不具有实施合伙人制度的基础。

初创期和战略转型期企业

企业初创期和战略转型期可以是一个性质，无论是初创还是转型（等于第二次创业）都会面对合作、创新、风险、授权、吸引和留住人才等一系列问题。那么，这个时候就需要一套合理的奖励机制来解决这些问题。为什么合伙制适合初创期和战略转型期的企业？因为合伙制能够吸引人才加入，也能够留住更优秀的人，从而使初创企业或转型企业的风险变得更小，增加创业或转型成功的概率。

创业期的企业往往没有太多的经营和制度设计的经验，容易依赖创始人的个人能力来获得生存机会。但是再强的创业者凭一己之力是难以应付如资金短缺、人才短缺、资源短缺等问题的。合伙制的推行就是帮助企业整合和引进各种资源，以此来缓解人力、资金和物资缺乏对企业造成的发展上限，因此处于初创期的企业非常适合采用合伙人制。

战略转型期的企业相较初创型的企业而言，虽然具备了一些实力，但并不是十分稳固，抗风险的能力依然很弱，转型不好也容易前功尽弃。转型期的企业不像初创企业那样提着一根弦儿，组织人员往往产生了松懈的心理，人浮于事的现象更加明显。此时的企业亟待进行组织结构的调整和人事制度的改革，建立起一个跟得上时代潮流和符合企业长期发展的管理制度。合伙人制度无疑是最佳选择，能够将员工从向钱看拉回到向前看，企业重拾锐意进取和犀利度，尽快实现扩张壮大。

那么，初创企业和转型期的企业建立合伙人机制有哪些注意的事项呢？

第一，能用钱激励的先不用股。初创企业在引用资源方面，除了资金还有人力和物资等方面的资源，所以在股权设计方面要研究哪些用股来取得，哪些不能用股来取得，不能什么都给股权。股权可以说是公司的核心价值，股份一旦交出去，想收回来就有些困难了。有些资源不是一劳永逸的，比如，物资资源可能在最初一个阶段有价值，过一段时间就没有多少价值了，这样的资源引入就需要用钱去换取而不要用股去换取。比如，免费提供的办公场地、活动用车或信息资源等，这些对于初创企业来说的确是有一些贡献和帮助，但不应该用给股的方式去感激。因为这些东西短期内对公司是有帮助的，但长期来讲作用会越来越小，这样的资源往往可以用钱去解决。对于愿意提供办公场所的合伙人，不需要用股份予以奖励，而应该把场地价值折算成金钱。创业初期资金不够的，可以以公司的名义打欠条，表示这是公司向他借的，以后偿还就可以了。其他的资源同样可以折算成现金来支付，不需动用到股份。

对于诸如厂房、办公地点等有形的资源可以用现金解决，对于无形的资源也可以用现金解决，不要轻易用股份来偿付。什么是无形资源呢？比如创立公司的想法，提出一些改变的想法，这些对于公司的发展来说有一定的作用，但也不能用股权来奖励。点子虽然很值钱，但也只能在某一个段阶才起作用，也许到了下一个阶段就不太起作用了。所以，类似这样的无形资源用现金激励好过股权激励。另一种无形资源就是人力资源，有些初创型企业的合伙人，也许是老板的好哥们、好朋友或亲戚，这样的身份可能会出现因为暂时不拿工资而给股权的现象。这样显然不科学也不理智，这种状态也可以用现金来解决，在资金周转不太顺畅的时候可以以打欠条的方式来应允对方，当然也可以给其利息。如果上来就用股权奖励，后面产生纠纷或涉及退股时就会非常麻烦。

第二，出资和出力的股要分开设置。在企业初创或转型的时候采用合伙制一般是既有出钱的人也有出力的人，那么在股权分配上就要有所侧重。可以将股权设置为财股和身股两种。身股就是和人有关的股，也就是在公司干活的人就享有身股，离开公司就没有。财股就是和钱有关，出资便得到财股，即使不在公司干活也持有这份股份。两种股权设置好以后还要设置得到这两种股的条件，达到一定的条件才能获得这份股权，以起到激励作用。股权的设置不能完全按出资比例分配，可以根据公司业务类型进行身股和财股的比例划分。若公司是资本密集型，那么财股占比就要大；若业务中人才、技术发挥的作用更大，那就让身股占更大的比例。确定了比例之后，再在财股中分配资金所占份额。对于出资的合伙人分配财股，出力的合伙人则分配身股。分配好股权后，设置好成熟条件，当合伙人通过努力达到特定目标后，股权才能成熟，他才能正式得到股份，且越晚成熟得到的股份便越少，因为股权会随着公司的成长不断增值。除此之外，还能设置股权分批成熟，比如每年成熟 25%，以此来防止合伙人得到股份后就做甩手掌柜。

第三，实现股份绑定，进行分期兑现。前面我们讲通过身股和财股分开设计并进行了股份兑现的成熟条件，这样的比例共识还不够。比如某个合伙人拿了很多股份，但后来做事不积极或者有人中途离开公司，此时股份又该如何处置？所以，初创公司对创始股东的股权都有绑定机制设置，公司股权按照创始人在公司工作的年数或月数逐步兑现。任何创始股东都必须在公司做够起码 1 年才可持有股份（包括创始人）。

一般为了更好地执行合伙制股权的分配，股份绑定可以按 4~5 年期执行，以 4 年为例，第一年给 25%，然后第二年、第三年、第四年都按这个来兑现。创业公司如果不执行股权绑定的话，后果可能会很严重，甚至会导致项目失败或公司倒闭。举个最简单的例子，几个创始人把公司开了起来，辛辛苦苦工作了好几年，发现有几个人加入不到两个月就离开了，而离开的人还会觉得自己拥有股份，因为他们工作过两个月。所以，没有股权绑定条款，派给合伙人股份就有隐患。做股权绑定还能平衡合伙人之间股份分配不公平的情况，初创企业最开始的时候分配股权大多没有根据实际情况进行合理分配，所以等到项目进行一段时间后，也能适时调整将股权重新分配，这样也会让付出多的人感受到公平。

轻资产型企业

　　轻资产企业，主要的资产为无形资产，包括企业的经验、规范的流程管理、治理制度、与各方面的关系资源、资源获取和整合能力、企业的品牌、人力资源、企业文化等。因此轻资产的核心应该是虚的东西，这些虚资产占用的资金多，显得轻便灵活，所以轻。这个轻是相较于重资产型企业而言的。传统企业设备、厂房、原材料等需要占据大量资金，所以被称为重资产型企业。

　　轻资产和重资产的划分是从实物资产和非实物资产的角度划分的。非实物资产代表客户资源，属于轻资产；厂房、机器设备代表实物资产，属于重资产。中国企业应该做客户型的公司，而不是产品型公司。我觉得，中国企业未来必须走轻资产路径，少做产品，多做服务。

　　轻资产对中国企业来说就是加大在研发上的投入，在这一领域比较典型的是小米公司。苹果公司也是一个轻资产企业，虽然卖的是电脑和手机等硬件，但苹果公司只做研发。

　　在科学技术突飞猛进的当代，重资产已经逐渐成奢侈品。企业的人员规模不大，但企业的资产规模却未必小的轻资产企业更受追捧。

轻资产企业主要分为 5 种：

1. 新型互联网公司。新型互联网企业通常建立在早期形成的大型互联网企业平台的基础上，比如微商、小程序电商等的小型互联网公司。他们在各自所处的相对封闭的网络环境中，为用户提供自己的产品和服务。通过精美的网站页面设计和丰富的产品、服务种类，加快用户了解自己的速度，争取最大化地留存用户。

2. 品牌型轻资产企业。这类企业已经形成了品牌优势，品牌效应成为主打，因此在产品的研发设计、营销手段和售后服务上非常注重品牌维护和推广。著名国际品牌耐克、阿迪达斯就是品牌型轻资产企业，他们将品牌研发和全球化经营结合成一体。

3. 类金融企业。这类企业现金流充足，保证企业拥有强大的复制能力，复制多了就提升了企业的扩张能力，最终形成规模经济。因此，这类企业往往都是连锁性质的，比如沃尔玛、苏宁电器。

4. 知识产权为主导型企业。这类企业的无形资产所占的比重非常大，基本属于靠知识、技术、专利、配方存活，因而企业资产庞大但更加灵活。同仁堂制药就是典型的由知识产权主导的企业，高品质的药品为其留存了大量"铁粉"。

5. 增值型基础网络公司。这是一个定义相对陌生的企业类型，但已经存在于我们身边很多年了，最典型的就是中国移动和中国联通。随着无线增值业务的发展，中国移动和中国联通能够提供更多的用户增值服务。仅仅通过手机卡，用户就能享受到公司提供的多元化服务。

　　为什么轻资产型的企业更适合合伙人制度呢？

　　做企业或进行创业，合伙人的经营合作目的有两个：一方面可以有效弥补自己的资源短缺，另一方面可以减少自己的成本投入。找人合伙来弥补资源短缺和减少成本投入是轻资产的核心。两个人一起努力，实现资源共享和风险共担。很多人是通过与他人合作来实现自己创业梦想的，也许他们并不是最大的股东，但是他们确实变成了一个企业的创建者和拥有者。他们利用手中有限的资源，获得更大的经济效益。合伙制的推行就是在资源有限的条件下检查自己手中的一些创业资源，有效利用别人手中的资源一起进行创业。也就是大家在一起了，有钱出钱，有力出力，有资源出资源，好项目以最低的投入来实现股东价值的计算方法，利用杠杆原理，那么充分去利用外界的一些资源优势，通过整合外部的一些资源，来打造自己企业的核心竞争力。

　　在互联网上运营这一战术最早也最成功的是雷军。小米一没铺渠道，二没有做广告，单凭粉丝营销就让小米手机一飞冲天，达到家喻户晓的高度。真正意义上实现了轻资产小步快跑的创业神话。

　　小米主要用他们的脑力资源获取最大限度的盈利空间，而体力劳动部分基本都交给了更专业的合作伙伴。那些合作伙伴有着他们的优势，小米手机就专注在产品设计、客户服务上面，将生产制造外包。

　　那么，这样的轻资产模式对于小米的财务上又有什么样的影响呢？众所周知，现在手机市场和房地产市场一样，竞争激烈，产品同质化严重。小米手机的价值主要集中在上游的产品研发、设计和软件开发，以及下游的品牌、营销和客户服务，中间环节的生产、装配附加值极低。因此小米手机投资产业链中具有高附加值的研发和销售环节。

创业圈，越来越流行轻资产运营模式——启动资金不足没关系，只要钱用在刀刃上。紧紧抓住自己的核心业务，其余财务、法务、办公场所、设备都外包给别人。企业越"瘦"，起飞越快。

控制权稳定的企业

控制权稳定很好理解，就是一家企业原股东或合伙人之间目标一致，价值观一致，对于公司的发展保持着积极的态度，而不是内在摇晃不定、人心不齐。只有控制权稳定的企业引入合伙制的时候才能起到更加稳定的发展态势。

企业的控制权都处于摇晃状态，没有绝对的主控者，也就失去了改革所必须有的强硬领导力。如果这样的企业再引入新的合伙人，不但于企业发展无益，还会引起不必要的纠纷。

某公司是一家民营企业，经过几年发展渐渐有了规模，但原来的经营模式已经明显跟不上发展的节奏，尤其是成本越来越高，使得企业必须进行改革。于是该企业进行了合伙制模式的设计和实施，但在初期就出现了问题，因为企业经营者对企业没有绝对的控制权，导致各方就合伙制方案争执不下，僵持了几个月也没有达成一致，最终不得不放弃。

一个公司如果没有一个能够做决定的领袖人物是很难执行某个模式的。尤其对于合伙制企业，如果企业的当家人太多，人人都有话语权，派系林立，那么是不可能引入新的合伙人制度的，那样只会给本就混乱的组织添更多麻烦。

　　还有一个公司也是发展到了一定阶段后，人力成本成为难以矫正的经营难题。该公司长期采用的"工资＋绩效"的薪酬方式和严格的人才遴选竞争机制，对员工虽然有激励作用，但已成强弩之末。因此，该公司也走到了必须改革的十字路口。但与前面公司不同的是，该公司创始人对公司有绝对控制权，很快就将合伙人制度推行下来。这样公司的核心员工能够购买公司股份，公司盈利后还会获得相应分红。

　　相比较传统的绩效模式，显然合伙人制更能激发核心员工的动力。因为员工不再是单纯地可以多分点红利的被雇佣者，而是可以参与公司经营的经营者，这种身份上的转变对人的激励才是最具效果的。

第六章
寻找合伙人路径
和选人标准

优秀合伙人的基因

很多人知道合伙的重要性，真正使得合伙成功的最根本核心就在于是否能找到优秀的合伙人。合伙人的"基因"越优秀，后面合伙的经营成功概率越高。"基因"决定一个人的价值观，决定合伙关系的强弱，"基因"越完美、越优秀，企业发展就会越迅速稳定。我们找到一个或几个优秀的合伙人，那么就为合伙制奠定了优秀的"基因"。观察企业的背景，会发现在早期创业阶段，很多创新企业或联合创新企业在合伙创业方面取得了不错的成绩。

一个创始团队除了创始人以外，必须要有合伙联合创始人，如果单枪匹马创业，做强的概率不大。是否拥有优秀的合伙人也成为公司兴衰的关键。究竟什么样的人才是优秀的合伙人呢？这需要有以下几个条件：

第一，强大基因来源于的目标。合伙人的目标一致才能共创未来，首先要选择对企业经营有贡献的人，因为志同道合的人，在运营分工上才能产生默契，让管理高度趋同。只有目标相同，才能在公司的大小事项上保持一条线路，不至于对公司发展前景产生太多的分歧。有些合伙企业之所以会成功，正是因为合伙人之间有共同的目标，无论在创业项目和发展方向上都有极其相似的想法，因此他们的价值观能够体现在合伙创业中。如果合伙人目标不一致，合作时间越久，合伙人之间的差距就越大。

第二，信念坚定的合伙成员。合伙做事情，不像过家家，不能三天打鱼两天晒网。如果合伙人的信念不坚定，做事只有三分钟热度，在做事的过程中遇到一些挫折就会心灰意冷，这样的人往往信念不坚很难走的长远。马云创办阿里巴巴的时候，也遇到过无数的困难和阻碍，而留下来的十八罗汉便是马云心中信念最坚定的合伙人，也是最强大的基因。所以，找到信念坚定的合伙人很重要。

第三，具有一定的合伙资源。现在已经不是空手套白狼的时代，只有你有技术我有资金，你有管理经验我有运营手段，这样的强强联合才能真正获得 1+1>2 的效果。合伙人彼此都要有一定的合伙资源，你有软实力，他有硬实力，这样才是一个好的合伙模式。重点是合伙人的诸多优势互补，才能达到利益最大化，才是合伙制的关键。那些成功的合伙企业，如果仔细分析他们的手法，从各方面都能找到他们的优势，而这些优势就成为他们合伙的资本。电影《中国式合伙人》中，影片中的 3 人之所以会成为很好的合伙人，原因无非是有钱的既有人脉，又有技术，有技术的有管理能力还有良好的坚毅品质，这样的合作才能成为坚定的三角，稳固而久远。

诚实守信、有责任感、人品好是成为公司合伙人的先决条件。人品不好的合伙人，就好比公司的定时炸弹。所以在选择合伙人时，一定要擦亮眼睛，用心筛选，选那些有目标、有信念、有资源的合伙人。选择这样的合伙人等于给企业种下了优秀的基因。

关系网中寻找合伙人选

寻找合伙人不容易，如果让我们去找不熟悉的陌生人来一起创业，真金白银的投入肯定也不现实。所以，最初的合伙人往往是熟悉的人。合伙找前同学、朋友、同事等的可能性比较高。首先是彼此熟悉，积累了起码的信任度，脾气性格也知道，所以合伙的前提和基础已经具备。其次，与这些人打过交道，尤其是如果曾给对方留下过好印象，再次合作的可能性就会相对高一些。

对于这些熟人也要有所选择和排序。

最合适的当属同事。因为同事是一起共过事的人，最了解彼此在工作状态中的表现和面对金钱与合作的态度，可以算是一起在战场上战斗过的战友。如果把同事吸纳为合伙人，彼此的磨合成本就会很低。因为同事之间不但有脾气相投还有钩心斗角的办公室政治，如果你与同事之间正好不是钩心斗角而是良性的竞争和彼此吸引的状态，那么就说明彼此三观相合，合起伙来的时候就会降低信任成本，而信任成本也就是时间成本。

排在第二适合当合伙人的是同学。因为二者有着共同的求学经历，一起经历过求学生涯中的喜怒哀乐，也各自明白自己的能力和水平。加上受教育的背景相同，思考方式和价值观也就会趋于一致，这样在未来经营中容易达成一致的目标。

排在第三的适合当合伙人的是朋友。朋友怎么来的呢？有的是同学慢慢变成了朋友，也有一类是熟识的同事最后变成了朋友。朋友之间也分私人关系和工作关系，无论哪种关系，变成无话不谈的朋友需要一个长期的过程。

排在最后的应该是亲戚之间的合伙。很多创业者会把亲戚合伙当成首选，因为多数人认为天然的亲缘关系会更牢靠，但现实中合伙反目最多，最不利于公司发展的往往来自亲戚之间。因为亲戚彼此虽然更加放心，但双方也更知道对方的底细，遇到合伙创业中的利益纷争的时候难免会让关系变得更加复杂，不利于责、权、利的有效实施。

大部分我们熟知的合伙企业最初都是从关系网中找的合伙人。比如，马云的十八罗汉里他们的合伙关系人有夫妻、同事的亲人、朋友、师生、校友等。马云用人格魅力和事业愿景凝聚了身边有密切关系的优秀人才。在阿里巴巴艰难的创业阶段，基于亲密关系的高度稳定合伙人团队使阿里巴巴挺过难关、突破重围，造就了阿里巴巴的辉煌。

新东方的三驾马车中，王强和俞敏鸿是校友，他们同是北京大学西语系英语专业的。王强多才多艺，俞敏洪坚忍执着，二人性格互补并且都喜欢读书，因此交往密切。后来，徐小平来到北京大学团委担任艺术团的指导老师，三人随后产生交集。即使在徐小平和王强离开新东方后，三个合伙人仍然保持着良好的友谊。

腾讯合伙的五虎将，创业前最主要的关系是同事和同学。马化腾、张志东、许晨晔和陈一丹是从中学到大学的校友，曾李青则是马化腾姐姐的同事，也是许晨晔的同事。马化腾认为这样的关系会让人在心态上好很多，可以相互吵架不记仇。与那些关系较远的人合伙遇到争执的话很容易出问题。

携程四君子，除CEO梁建章是复旦毕业的，沈南鹏、范敏、季琦均是上海交大校友。在1982年的中学生计算机竞赛上，沈南鹏和梁建章这两个数学"神童"同时获奖，从此产生交集。1999年春节后的一天，梁建章与季琦、沈南鹏等上海交通大学校友聚会，几个年轻人就互联网话题热烈地讨论了一夜。最后决定一起做一个向大众提供旅游服务的电子商务网站。因此交大校友关系是携程合伙人团队的链接纽带。

复旦五虎是由郭广昌、梁信军、汪群斌、范伟、谈剑这五位复旦校友组成的复星合伙人团队。1992年复星创始资本仅3.8万人民币，到2012年，净资产已超过516亿元。他们的团队总结起来有这几个特点：相互信任；志同道合，能力互补；各尽其才，个人优势得到最大的发挥。

所以，最初的合伙先从熟悉的关系中寻找，等合伙有了经验再吸纳外部的陌生人进入。因为企业在经营的过程中难免有分歧和人员流动，原本再好的合伙人也会以不同的形式退出。这是合伙的规律，从基于强关系为主的人才引进，最后到基于弱关系的社会人才招聘或其他方式去吸纳人才。

在弱联系中寻找强人

据相关调查发现，人类的社交人数上限为 150 人，其中精确交往的人数为 30 人左右，剩下的 120 人是和我们没有任何关系的人。在日常生活中和我们产生弱关系的人占绝大多数，比如加了微信却没再联系过的人；在某个聚会上有过一面之缘的人；以前交往频繁，但现在联系极少的朋友、同学等。因为沟通和互动较少，所以彼此之间都成了弱关系，而这些弱关系看似不显眼，却是我们人生中的隐形财富。大多数你真正能用到的关系，是那些并不经常见面的人，在某些重要时刻，他们能为你提供关键的帮助。

所以，真正的强人藏在弱关系中。如果想避免同质化思维，就要在寻找合伙人的时候拓展圈子和人脉，从强关系向弱关系过渡，因为很多不同领域的高人往往藏在弱关系中。

强关系营造的熟人圈使我们有足够的安全感，却为自己的上升空间设置了一定的上限。一位与谷歌公司有长期合作的社交学家说："正是强关系的这种特征，让熟人失去了助推我们飞得更高的可能性。"他进而预言未来是"熟人无用"的时代。熟人的功用将仅限于精神支持和心灵抚慰，人们所有的社交和事业资源都将依赖于那些不怎么熟的弱关系。认识不到这一点的人，无法理解自己的命运。

强关系营造出了一种圈子效应，一个人的成功离不开自己的圈子。一个哲学家曾经说过，你就是你最常接触的五个人的平均值。就连如今大名鼎鼎的互联网大佬们都有自己的圈子。比如马云有泰山会，马化腾有潮汕帮，他们还有个共同的华夏同学会；雷军有雷军系，李开复有创新工场……

马云、马化腾是很厉害，但是马云如果当初没有结识蔡崇信，阿里在危难之时就很有可能因为融不到资而夭折；如果马化腾没有在资金链几乎断裂的时候认识李泽楷，可能今天的腾讯只是一个叫不出名的小公司。所以，与你交往的人层次越高，你的能力提升就越快，机会就越多。

因为圈层重要，所以建立圈层或进入更高的圈层成为很多人的追求。为此，也有很多人陷入了圈层的误区，以为越是关系强，比如同学、同事或战友，每天与自己共事的那些人才能带领自己走进某个圈层，事实不然。著名社会学家、斯坦福大学教授马克·格兰诺维特斯发现，真正有用的关系不是亲朋好友这种经常见面的强关系，而是弱关系。他解释说："整天跟你混在一起的这帮人，很可能做的事跟你差不多，想法必然也很接近。如果你不知道有一个这样的工作机会，他们又怎么会知道？只有弱关系才有可能告诉你一些你不知道的事情。"

在 2012 年中信出版社出版的《超级人脉——从泛泛之交到人脉王》一书中，也提道："他是你天天见面、无所不谈的亲人，她是你彼此信任，同呼吸、共命运的同事或朋友，但他们并不一定能成为你成功道路上的引路人。他是你酒桌上偶遇交谈的陌生人，她是你微博里短暂互动的网友，但正是这些泛泛之交，有可能会给你带来意想不到的帮助，甚至改变你的一生。"

在我们的日常生活中，绝大部分人只注重强连接——家人、亲密的朋友、熟悉的同事等熟人圈子的维系，而忽略了弱连接——那些只见过一面或接触过一次的泛泛之交的联系。

2010 年，三个美国研究人员，Eagle、Macy 和克拉克斯顿，做了一件惊人的事情来验证这个思想。他们拿到了 2005 年 8 月几乎整个英国的电话通信记录，其中涵盖 90% 的手机和超过 99% 的固定电话。这些电话记录构成了可见的社交网络。研究者很难知道每个人的经济状况，但是英国政府有全国每个小区的经济状况数据——你可以查到哪里是富人区，哪里是穷人区。他们把电话通信记录跟三万多个小区居民的经济排名对比。结果非常明显，越是富裕的小区，其交往的多样性越明显。

所以，真正想要打造或进入一个更高的圈层，需要的不是维系目前圈子里最熟悉的人的强关系，而是要更多拓展弱关系，达到交往多样化。

人生中一些最重要的成功机会或快乐往往取决于与人的随机相遇，对象通常是我们不太认识或刚认识的人。弱连接的精髓就是远方的某个人可能拥有很实用的资讯。弱关系的真正意义是把不同社交圈子连接起来，从圈外给自己提供有用的信息。

合伙制正是利用自己不具备的资源，借别人更强的资源来拓展企业。

所以，寻找合伙人也要从弱关系中去寻找更强的、更有差异价值的人。

现在弱联系理论已经被推广到了很多地方，不管你是仅仅想学点东西，还是找工作、创业，都应该避免熟圈子中的强关系，而应该走出去追求弱关系。

弱关系已经证明，不同类型的搭档关系，对合伙企业的成败有很大影响。

比如，两个合伙人中如果有一个是名校毕业的，其投资的这个公司将来能上市的可能性会提高 9%；如果他的搭档也是名校毕业，则提高 11%。按能力选搭档，哪怕你把能力简单地用学历代表，都能增加成功概率。可是如果选一个以前跟你在同一个公司工作过的同事搭档的话，会让风投成功的可能性降低 18%；如果选校友，降低 22%；如果选亲戚，降低 25%。

所有人都喜欢强关系，哪怕是风险投资者和斯坦福 MBA 也是如此。我们愿意跟他们在一起相处，愿意给他们打电话，愿意转发他们的微博。但是熟归熟，工作归工作。当我们考虑找人创业，找人合作，尤其是合伙到了后期，需要吸纳优秀人才的时候，弱关系里更能藏强能力的人才和资源。现在社会学已经有了足够多的证据证明，对工作来说，同乡会和校友录不是扩展人脉的好地方。明白了这个观念，再去拓展人脉，向更高级别的圈层进行迈进。

通过猎头寻找合适的人

　　猎头是一个特殊的领域，像是一个中间牵线搭桥的人，而对于求职精英和企业来说起到的作用又远不止中间人这么简单。如今市场上大大小小的猎头公司很多，他们分工各有不同，针对求职者向企业用人单位推荐或挖人也有不同，比如有职场入门的，有资深精英的，也有专业对口方面的介绍和推荐。

　　猎头的主要目标是尽可能地把人找到，把简历送到客户那里去。猎头的核心工作是筛选。因为猎头有着天然的人才储备资源，所以也可以委托猎头公司帮助找合伙人。

　　什么样的猎头是值得信赖的呢？首先是具备专业能力的猎头公司，规模也是一个考量因素。猎头的专业性大概分几个档次：毫无专业性可言、专业顾问型、良师益友型。处于最低档次的猎头就是毫无专业性可言的猎头，其表现就是没有事前的功课，根本不了解候选人，也不了解企业的需求，所以不会有针对性地推荐人才，达不到高度的匹配。第二个档次的猎头公司已经具备很强的专业，会帮助候选人全面了解企业的需求。如果他还愿意和双方讲一讲这个岗位上潜在的风险，那么这是一个值得长期合作的猎头顾问。最高档次的合伙是良师益友型的，这样的猎头有月老精神，大部分抱着成人之美的心态帮助求职者和企业促成合作，并能够站在求职者的角度去分析职业规划，也会帮助企业多方面评估需要的人才。良师益友型猎头顾问还有一个特点就是不畏惧艰难的沟通。在谈合伙的时候，他们可以帮助客户谈及那些谈钱伤感情的事。出色的猎头不畏惧不愉快的沟通，反而能够挖掘企业真正的人才需求，也能够替求职者或其他资深精英综合考虑是不是适合某个企业。

通过猎头去寻找合伙人，可以更有针对性。专业的、资深的猎头公司是企业的好帮手。猎头公司不同于一般找工作的中介，它专门为企业寻找合伙人或高级人才提供服务，也为有工作经验的中、高级人才的隐秘流动提供了跳板。

猎头拆解开来很有意思，就是猎取思想。企业通过猎头公司寻找到具备聪明思想的人，推动企业前进和发展，这不就是寻找合伙人的意义吗？

最近这几年，我们国家企业的明显趋势是很多民营企业把在海外公司工作的一些高管请到他们的企业去；也有很多中国的老板会在国外开分公司，这样也会把一些国外的人才直接请到中国来做事，这就更需要那些专业的猎头公司来帮助对接。未来我们的企业会走向国际，走向世界，这是一个趋势，需要合伙人的时候借助猎头的帮忙将成为必需。

人品是合伙第一考量因素

古人有云，"德本才末"，德是第一位，才是第二位；"修身、齐家、治国、平天下"，修身是第一位，最后才能凭能力平天下；"厚德载物"，厚德是第一位，载物也就是能力，是第二位。

所以，无论做人还是做事，成大事者人品是基础，能力只有建立在人品的基础上才能发扬光大。爱默生曾经说过，品格是一种内在的力量，它的存在能直接发挥作用，而不需借助任何的手段，一个人人品正才会受到众人的敬重、爱护，人品才是我们最强的靠山。人品既是一个人的底牌又是一个人最大的资本。不管是身居高位还是处于艰难的境地，都要谨记做人做事永远都要把人品放在第一位，人品好路才会越走越快。做事先做人，这是古人流传下来的亘古不变的道理。合作做生意，最重要的就是人品。

蒙牛乳业CEO牛根生曾经说过："小胜凭智，大胜靠德。有德有才，破格重用；有德无才，培养使用；有才无德，限制录用；无才无德，坚决不用。"

我们在找合伙人时，要把人品放在首位。人品一旦不行后续就会有麻烦。很多人找合伙人第一个考量因素是能力和资源。能力和资源固然重要，如果人品不行，那么能力越强造成的破坏力越大。最后你会发现，对公司破坏力最大的人都是能力最强的人，也都是人品出问题的人。很多企业的衰败或仇人式散伙，多数不是因为外部的竞争对手，而是源于内部核心骨干之间的反目。而造成这种反目的原因绝大多数是人品的问题。人品靠的是道德和情理，有时候因为人品不好犯下的错，法律也无法判定，这就无形中给合伙埋下了很多隐患。

在合伙初期企业可能没有太多资金，也没有强大的实力与丰富的人脉，靠的只是一份梦想与对事业的追求。大部分的企业制定的规则、计划书可能都不太成熟，在创业过程中也会碰到很多困难，而这个时候，最需要的就是合伙人并肩作战，合伙人人品好才能共渡难关，不会因为一点压力而抱怨与指责，也不会因为一时的挫折就要散伙。人品好的合伙人自带能量，会成为彼此支柱，既能做到雪中送炭又可以同舟共济。

另外，人品靠谱的合伙人不会在开始的时候讲得天花乱坠，后期有了利益就见利忘义，他们表现出来的是对内诚实，对外诚信。无论是个人还是团队，只要能够坚持走正直诚实的道路，必定会实现良好的愿景，哪怕过程有些艰辛，但最终的结果必定不会让你失望。相反，如果在做事的时候缺失诚信，事业也就缺少了发展的承重轴。事实上，诚信对所有的创业者来讲，都是关乎企业安身立命的一件大事。要知道，创业的起步过程是不断地向社会推销企业：一方面是在向社会展示自己可以提供的产品或服务，另一方面也是在向社会证实企业做事的信用。有能力、讲信用的人事业才能越做越大；有能力、没信用的人可能得逞于一时，但想要长久发展是不可能的。

那么，如何去考察合伙人的人品呢？这需要彼此共事一段时间。所以，在刚开始选择合伙人的时候要有一定的考察期，这个时期可以先不分配股权或者可以在协议书中约定多久的考察期。一个人的人品是否过关，做几件事就能看出来，打几次交道就能发现。同时，创始人也要具备强大靠谱的人品，用自己的人格魅力去吸引合伙人很关键。

合伙能久远，共同价值观最重要

前面我们讲了人品，其实人品和价值观是相辅相成的，好的人品会带来正向的价值观，反之亦然。合伙能不能合的久远，人品为开路先锋，价值观是后续的粮草补给。如果没有共同的价值观和愿景，很容易变成一人把号各吹各的调。好人品已成为现代合伙成功的坚实根基！先有了人品的初选，另一点就是要考察价值观是否匹配。

价值观是在人的一定思维感官之上作出的认知、理解、判断或抉择，是一个人认定事物、辨别是非的一种思维或取向，体现着人、事、物的价值或作用。合伙人是否彼此认同，体现了对公司所做事情的认同，以及对初创者本人的认同。合伙人之间有共同的价值观和认同感，在未来创业过程中如果遇到问题，就可以一起努力克服苦难。在合伙这件事上价值观相同表现在哪几个方面呢？

第一，合伙分配的共识。任何一个合伙企业最开始是很和谐的，问题往往出在分配上。价值观相同的人会在合伙之初就会意识到将来分配会出现的问题，遇到问题会开诚布公地去沟通，不会有了问题假装不知道，任由问题越积越大最后出现不好的结果。分配最重要的一个原则就是按劳分配，有多大的能力，能产生多大的价值，就能够分配多少利益，这个是核心原则。还有，分配一定要用数据说话，不能感情用事。在分配问题上，创始人要有原则也要有格局，让别人拿的多一些。作为创始人肯定能力比别人强，但不要想着自己要比别人拿的多。在分配上也是如此，如果合伙人之间能够及时沟通，很多事情就会很快得到解决，而不至于发酵。

第二，合伙创业的共同愿景。创业的初心也非常考验合伙人，比如创业是为了大众谋福利还是仅仅想为自己赚套房子买个车？初心不一样，价值观就不一样。真正想做一个大公司，无论是创始人还是合伙人，都要做大格局的人，必须要有正向的而不是邪恶的价值观，不要光想着如何赚更多的钱，而是要去做一些有利于大众，有利于社会的事情。根红才能苗正，从创业初心开始就要立正念，行善事。凡是把能企业做大做强的人，都会带给社会更多的回馈。人们看那些知名企业不会去看他们的能力有多强，而是看这些企业的格局有多大。

第三，对目标持有相同的期待，要有相同的价值观。合伙人是那种看着各不相同，但却能把心思用在一处，目标看向一处，力量使向一处。很多合伙人团队创业的时候都在强调一致性，这里的一致性就是指目标和方向一致，这是一个必要前提。如果价值观不一致，那么一个团队就会有不同的声音，那样对企业的运营非常不利。比如，常见有人抱怨他的合伙人："他的人品很好，做事也兢兢业业，可就是不知道为什么，我们的想法总是不合拍，无法达成一致。"这种状态既不想散伙，合作起来也会很别扭。

其实，这种情况之所以会出现，正是两人价值观不同导致的。合伙人要对企业的价值观坚持一致。如，杜邦公司的价值观是安全，肯德基的价值观是创新，万科的价值观是服务好客户。当大家对自己合伙企业的价值观保持高度一致的话，就是一种看问题的价值观。

有家公司花了很长时间去跟踪几百家世界有名的大企业，发现他们有一个共同特点就是价值观非常统一。他们都做到了人的价值高于物的价值、共同价值高于个人价值、社会价值高于利润价值、用户价值高于生产价值。

合伙是否能走得更远，合得更久，最重要的不是把资产和能力放在一起，而是把心放在一起。出钱和出力的组合是一种最简单的组合，结构松散不太牢靠。心在一起才是有难不乱、有利不散的黏合剂。这份心包括了对事业发展目标的认同，对经营、管理原则的主张相近，对权利分配方式的认可。尤其是创业初期没有太多资金和背景，也没有太多人脉的情况下，合心更有价值。合心能够让人对事业的追求更执着。这份"心"背后的人品，能够体现出对合伙伙伴的理解、包容、支持与信任，不因为一点小小的困难而抱怨、指责，甚至动不动就喊着要散伙。合伙人既要做到同舟共济，也要做到雪中送炭。

有了心、有了人品就能解决合伙团队价值观的问题，就会生出工作动力、职业愿景，为一件事愿意投入多少。所以，在选择合伙人时，创业者要在人品上下功夫，要选出与创业公司价值观最匹配的人，然后再考虑资金与能力。

第七章
合伙人有效
实施机制

合伙人制度如何落地

合伙人制度做得好能为企业带来积极作用。合伙人制度不仅仅是付钱给人，而是付钱给对的人。为此会把一些本来想离开的核心人才留住。因为合伙人制度讲究多劳多得，让有能力者获益，所以鼓励了内部创新，让更多人在企业中更加具有自主性，同时能为企业找到继任关键职位的合适人选。合伙人给企业带来的改变是显而易见的，但合伙人制度如何落地却是企业要解决的首要问题。

合伙的落地大部分指股权合伙，实际上它的定义并不复杂。简单来讲，就是拿出公司的股权以虚拟股的方法来激励自己的合伙人。公司的员工、高管、外围上下游的很多合伙人都可以在这个激励范畴当中。在实际操作过程中股权合伙的落地很复杂，因为它包括企业管理、人力资源、资本运营、财务、法律、心理学等很多方面的知识。如果对这方面的理解不深刻或者只是用某一种单一的知识层面去做，股权合伙的可能性就不大。

究竟怎么样才能够正确地理解股权合伙，并且比较容易地让这种合伙制度落地呢？

第一，要做股权合伙制，先考虑自己的管理层面。

对于管理层面而言，股权合伙是一套分配的机制。无论是股权合伙也好，股权激励也好，本质就是起激励的作用，而激励的标的就是股权，它是一种具有长期价值的分配行为和艺术。涉及分配就离不开公平性的问题。比方说分给谁？分多少钱？所以在进行股权激励时，要建立统一的、相对科学的、客观的价值，根据标准来确定分配的数量，以标准审核进度和退出的基本价格。这就是从管理层面来看股权合伙。

第二，从金融层面看股权合伙。

股权的金融属性具备了投资的属性，股权在资本市场当中会获得成倍的溢价。在实施当中涉及股权激励对象掏钱购买股权，而购买股权在某种程度上具有投资的性质。股权激励可视为员工的一种投资行为，而投资者在投资的过程当中，最关心的往往是安全和风险，回报性和流动性。所以股权合伙也好，股权激励也好，首先，要让合伙人包括员工感觉企业资金是安全的。这就对企业提出了一定的要求，老板本身是很靠谱的老板，企业本身也有很好的文化，这样才能让合伙人放心掏钱买股，让员工放心。如果企业的文化不好，老板人品不行，员工就不可能对老板有信任，股权合伙更是无法起到相应的作用。其次，对风险要客观揭示，不能只承诺收益。通过这样的方法让企业的价值激发出合伙的信心，对员工也好，合伙人也好不能过多地夸大和承诺。在流动性上，要保证员工入股自愿，退出通畅。

第三，从心理层面看股权合伙。

股权合伙存在一定的不对等性。作为授予方的股东和作为股权受让方的员工，必然会存在一定的对立关系。比如股权的数量和价格问题、锁定性的问题等，这就需要双方用智慧作出最有利的选择，而选择的结果可以称作是一种双方相互良性的博弈结果。如果双方有一方不妥协，股权合伙制也好，股权激励也好，就很难落地。合伙的目的是追求双赢，在股权的数量和价格方面要追求双赢才是一种好的策略。

第四，从实施的层面看股权合伙。

股权合伙对公司也好，对合伙个人也好，不是法定的义务而是股东个人基于公司长期的业绩增长而作的战略决策。股权合伙的最终目的是要促进企业的业绩增长，让企业健康、持续、快速的发展。合伙人对企业报有一定的期待，所以要接受股权规则的约束；企业要有正确的导向确保每个合伙人都能积极地行动，有明确目标。

第五，从监管层面看股权合伙。

做股权或激励的时候，要遵循一些法定的相关规定。股权代表的是企业的所有权以及附着在所有权中的一系列权利，变更的时候必须尊重《公司法》《合伙企业法》等法律法规。对上市公司来讲，还要尊重证监会的相关规定；对国资企业而言，还需要遵守国资委的相关规定。同时股权变更会涉及会计、税务、工商的处理，还要遵守税务总局、工商总局的相关政策的规定。实践的过程当中会遇到很多股权激励不规范所导致的扯皮，甚至影响企业的发展。所以要从法律层面来遵守约定和执行权利、义务。合伙制一旦生效，不管老板还是员工都不能乱来，对于股权合伙制创始人要深层次去理解，需要企业家从实施股权合伙制的时候就要真正去思考，从不同角度去考虑，这样股权合伙失败的可能性就会降低。

合伙人实施三标准：进入、运行、退出

合伙人想要实施得顺畅需要借助有效的机制来运行。股权设计是一个系统的工程，在明确目的以后，制定一系列相应的管理机制，包括管理机制、调整机制、修改与终止机制等，这样才能为股权激励计划的顺利实施保驾护航。

在很多创业企业中，经常发生合伙人争夺股权的问题。企业之所以有这样的问题产生，是因为他们既没有合伙人股权的进入机制，也没有合伙人股权的退出机制。明白什么是合伙人，是做好合伙人股权进入机制的前提。合伙人应该是具有创业能力和创业心态，有3~5年全职投入预期的公司创始人与联合创始人为公司做出最大的贡献，这是合伙人。参与分配股权之后，无论是公司的大事还是小事，合伙人之间都应该一起商量，甚至还可以经过全部合伙人的同意。公司赚的每一分钱，不管是否与合伙人直接相关，大家都要按照事先约定好的股权比例进行分配。所以，制定好股权的实施机制包括三个方面，分别是股权的进入、运行和退出。

股权的进入也就是给谁股权的问题。股权一定是给能为公司带来价值的人，能和创业者共同承担风险的人。比如，一个人不拿工资却能做老板的事，并且与老板有利益捆绑，这就是要给股权的合伙人。一个人拿老板的工资但不会切分老板的蛋糕，他是雇员。所以，股权进入的时候要考虑的是将某个业务大方向交托出去的时候，需要给别人股权。就像徐小平讲过一番话："我经常说一句话，我为了我的 10%（新东方占股）而战。当然，我是爱俞敏洪的。如果我们不是合伙人，如果新东方的利益不跟我们捆绑在一起，仅仅是为了新东方培养人才的理想，我早就去团中央了或者是去红杉了。正是因为利益捆绑，我们才能在每一个艰难时刻一起挺过来。"

很多的企业在创业之初股权激励的效果不太明显，也有一部分企业最初的股权激励给予一些同仁却没有产生价值，大部分是没有把股权给到对的人。创业公司的价值需要整个创业团队长期投入时间和精力去实现，因此股权激励也是如此，对于那些无法参与创业的人员不要盲目给股权。创始团队和投资人根据出资比例分配股权，投资人不全职参与创业或只投入部分资源，但却占据团队过多股权，不但起不到股权激励的作用，还会产生不利的影响。另外，给早期普通员工发放股权，一方面公司股权激励成本很高；另一方面激励效果有限。在公司早期，给单个员工发几个点的股权，很可能对员工起不到激励效果，甚至对方可能会认为公司是在忽悠自己，给自己画大饼，而起到负面激励作用。

经过了前期分配股权之后，下一步就是股权的运行。股权运行机制是保障股权体系顺利运行的管理制度和机制，包括签署各种股权法律协议、股权分期成熟机制、股权动态调整机制、股权进入机制、股权退出机制、股权回购机制、股权继承机制和夫妻共同股权处理机制。

前期进行了股权设计，在实施的过程中还会有大量的股权管理工作，涉及人力资源、薪酬分配、业绩目标制定考核等大量的日常工作。因此很多企业专门设立股权管理机构，以此来开展股权管理的日常工作。比如，为了对股权激励对象进行约束，实际控制人配送股权需要由实际控制人与激励对象签订公司股权协议书，规定配送的股份只有分红权，并且必须在服务一定的年限或者是完成一定的工作业绩之后，方可正式办理行政手续，在行权前仍然由实际控制人保留所有权。此外还应该为出资者或者是拥有股权者发放股权登记证书。事实上企业在股权激励计划实施当中，难免会出现一些调整和变更，这些都需要合伙企业在企业发展过程中积极应对。要想完善合伙人模式，还要对合伙人进行长期的关心，始终把合伙人的利益放在首位的管理设计，才能让合伙人更加踏实地参与企业的运营。

最后也是最关键的一点就是股权的退出机制。合伙做事，合久必分，分久必合这是规律。合伙人股权经过了进入和运行，第三步就是要设计好股权的退出机制，约定好在什么阶段，合伙人退出公司后要退回股权，以及退回的形式。

创业公司的股权价值是所有合伙人长期服务于公司创造的，当合伙人退出公司后，所持的股份应该以一定的形式退出。这样一方面对于继续在公司里做事的其他合伙人更公平，另一方面有利于公司的持续稳定发展。合伙人退出的时候，首先，要确定退出价格，退出价格要考虑两个因素：一是退出价格基数，二是溢价或折价倍数。其次，退出合伙人的股权回购方式要提前约定，退出时公司可以按照当时公司的章程对合伙人手里的股权进行回购。最后，为防止合伙人退出公司但不同意公司回购股权，可以提前在补充协议中设定高额的违约金条款。

合伙人退出时考虑到按照合伙人掏钱购买的价格一定的溢价回购或退出合伙人按照其持股比例，净资产一定溢价，也可以按照公司最近一轮融资的估值的一定折扣价回购。至于选取哪个退出价格指数，不同商业模式的公司会存在差异。在股权退出之前就要把游戏规则讲清楚，否则在未来出现问题的时候容易产生纠纷，员工股权的管理或者合伙人的股权管理最重要的就是收益的管理，还有退出的管理。收益象征的是分红，因为每个人之所以做股权分红，就是因为他很关注自己能够得到什么；退出是公司对对方的一种保障，这两个方面如果做得不到位就容易出现问题。一般情况下非上市公司的员工收益包括：每年的分红收益、股票的增值收益、外部投资者以很高价格入股的收益、上市到资本市场当中的收益。这四种收益中最需要约定的就是上市前的分红收益，以及上市后的退出收益。在上市之前的分红是员工最为关注的，因为分红每年都可以拿到，这属于实在的收益。所以，企业要把分红的来源、多久分红、分多少都要提前约定好。一般企业每年会拿出不少于15%~20%的净利润用于分红，具体执行由股东和董事会决定。上市之后的退出收益就是合伙的套现问题，这个股权结构设计起来要满足证监会交易所的一些相关规定。如果是自然人持股，解禁之后可以直接套现；如果是持股平台间接持股，就在持股平台套现或者平台内转让套现，具体情况要根据当时的状态进行确定。

股权的退出在合伙人来看就是变现的问题，所以，关于退出机制一定要想好什么情况下退出、什么价格退出、退出的股份谁去接盘、接盘的人要以什么样的价格给对方等问题。这些因素都要提前考虑，然后定好规则。

一般在退出机制中有以下几种情况：

第一种属于正常退出。正常退出主要是合伙人之间好聚好散的情况，想退的股东主动申请退出，而主动申请退出的可以规定有一个办理的窗口期，比如一年的3月份。从程序来讲，经过股东会或董事会批准同意，就可以正常退出了。还有一种就是员工持股。员工正常离职或被辞退需要退出股权，这些都属于正常退出的范畴。

第二种属于恶性退出。合伙人对公司造成了伤害，需要强制退出其股份就属于恶性退出。比如，泄露公司的商业秘密、吃回扣、违法犯罪等都属于恶性退出范畴。

第三种属于特殊退出。一般来讲就是因一些意外的事件发生不得不让合伙人退出股权。比如合伙人死亡、失踪、退休年龄到了或者降职等都属于特殊情况的退出。

无论是哪种退出，在退出之前都要把基本规则讲清楚。所以，真正实施股权合伙或股权激励，把握好两个规则，一个是进入规则，一个是退出规则。在股权合伙当中，把这两套规则抓住、抓紧，在以后的股权合伙当中才可以实现股权定江山，合伙打天下。

企业不同阶段合伙模式的选择

当大部分人都知道合伙的重要性和有效性以后，都希望自己的企业能够进行合伙制。要想长效地解决企业所面临的一揽子人才管理问题，选择合伙制无疑是大势所趋。问题在于，处于不同发展阶段的企业，究竟应选择怎样的合伙人制。企业不同阶段对于合伙的着眼点、目的、策略与方式也是有不同要求的。

企业发展阶段不同，创始人的眼界和格局也不同，在选择合伙制的时候也会有取舍；企业发展阶段不同，外部环境也不同，可用的资源也不同，因为这些不同，所以采取什么样的合伙人制也要有针对性。企业的发展阶段可以概括为创业期、转型期、扩张期和成熟期。我们来探讨一下这四个时期企业该如何选择适合自己的合伙制。

一、创业期的合伙模式选择

创业期公司的人力资源和其他资源相对薄弱，没有积累下一定的人脉资源，所以对于人才的渴望会更加强烈。创业期如果能够正确使用合伙模式去吸引人才和资源，就能规避一些创业期的风险。创业初始，一般人会选择最亲近的人来合伙，无论是独立创业还是夫妻或朋友之间联合创业，这个时期的可利用资源往往来自个人的专业、技术、关系与勤奋等，很多事情必须创始人亲力亲为。企业的产品和服务还没有打开市场，所以现金流也不是很稳定，导致的利润率也不乐观。这个时候选择合伙对创业期这种薄弱的状态能够给予很好的支持，是非常适合选择合伙的一个时期。

初创企业会面临员工招聘难、留住难的问题，所以如何才能留住员工，激励员工，提升员工盈利能力，使企业不会刚一开始就夭折，需要的是经营人心。正确把握企业内部员工的真正需求，建立合伙人机制是前提，如果给不了现在，就要给未来的预期收益，股权就是必需品。事业合伙人机制很适合企业初创期。比如，海底捞的师徒制、永辉超市远方合伙人等。未来的趋势就是公司要平台化，全员要合伙化。事业合伙人机制的本质是建立一套核心人才的选用、预留的激励机制，公司搭建平台，整合资源、资金，骨干来唱戏，核心人才提供技术产能，实现公司与合伙人之间利益共享。在设计事业合伙制模式的时候要注意几个事项：

1. 确定合伙人的激励范围要选择最重要的核心员工。比如海底捞激励的是店长，利用师徒制进行裂变和扩张；永辉超市激励的是一线员工，所以要根据企业的实际情况量身定制。

2. 经营模式的选择，一种是根据利润对存量进行少分，对增量进行多分；一种是根据承担亏损的意愿先出资不承担；还有一种既分钱又分权，要给予管理权。

3. 设置经营业绩考核指标，可以设定收入指标、利润指标、人均业绩指标，设置分红门槛。

4.提前设置退出机制。无论是分红股还是超额分红，都要设定锁定期和延期时间。锁定期之内留存分红是不能退出的，若公司盈利可以原价或溢价退出；若公司亏损，需要按照股权比例扣除亏损之后再退出。

这个时期的合伙制一是两位及以上的公司创始人之间的合伙行为，这通常是企业初创期的标准模式；二是创业企业在成长过程中，引进个别人才时，逐一向被引进的人才承诺股份；三是整体考虑、规划和推行针对人才群体的员工持股计划。

二、转型期的合伙模式选择

转型期的企业有了一定的规模，度过了一定的尝试期，为接下来稳扎稳打做一些战略上的准备。转型期与创业期相比，其最大的不同就是包袱里多了干粮，对企业发展有了新的预期。但也因为有了创业期的经验，转型会让企业变得更吃力，舍不得丢掉之前的经营模式，也导致无法跑快。这个时候的创始人需要在内部培养战略家、思想家，若企业转型成功则会进入一个成熟期实现永续经营；如果转型不成功，等于依然在原地打转。转型期的企业一般希望的合伙人是能够弥补企业短板的人。比如，在技术能力不足时，希望有一位技术精英加盟；在营销能力不足时，希望有一位营销精英加盟；在融资能力不足时，希望有一位融资高手加盟，等等。这样的合伙人招募一般是点对点式的，需要什么样的人才就去招募什么样的，然后按一定比例给予公司股份。

三、扩张期的合伙模式选择

处于扩张期的企业迎来了经营过程中的黄金时期，发展走上了正轨，企业从中等规模开始向大规模进军，但也意味着到了最关键的阶段，如果处理得当，就会进入正确的路径，迎来稳定的成熟期。

扩张期的特点是：机会众多，潜力巨大；技术或产品经过了市场检验，趋于成熟或已经成熟；管理团队与员工队伍也开始有了方向和责任感，能够进行一些决策和承担一些压力。这个时间选择合伙制可以通过股权、债权和商业融资进行员工队伍扩充，快速提升产销规模，建立起一个跟得上时代潮流和符合企业长期发展的管理制度。合伙人制度无疑是最佳选择，能够将员工从"向钱看"拉回到"向前看"，企业重拾锐意进取和犀利度，尽快实现扩张和壮大。

这一时期的企业追求的是不断突破和持续强大，因此处于扩张期的企业是推行合伙人制度的最佳时机。但因为企业处于良好发展状态，很多企业的经营者不愿意在大好局面下进行改变，也没有必须要改变的紧迫性，因此很遗憾地错失了。事实上，扩张期推行合伙制，企业付出的成本低，但效率很高，所以有很高的性价比。企业切不可因为短视而白白错失良机，必须该出手时就出手，及时将企业引领到合伙人的道路上。这一时期推行合伙人制还需注意三个关键点：

1. 不能单纯导入股权激励，虽然短期内有效，长期看却有人才管理的隐患。所以，要把企业发展的长远效果作为目标进行股权设计。

2. 即使进行股权激励也不要试图在全公司层面展开，应先在分公司或子公司层面推行合伙人制度，在这个过程中进行错误修正，待到切实可行了再扩大范围至整个企业。

3. 要让合伙人制覆盖更多的关键岗位和关键人才。企业处于快速扩张阶段，核心人才是确保发展的关键，辐射到的人才越多，对企业的发展越有利。

四、成熟期的合伙选择

处于成熟期的企业通常规模很大，或许已经成为行业龙头或区域领头羊，似乎像巨无霸一样不可被击倒，但也不意味着可以放松神经。时代的变革随时在进行，企业的变革也不能停止，越成熟越有危机感才是大企业经营该有的思维。

成熟期的企业选择合伙模式的时候需要以下几点事项：

1. 企业发展到了鼎盛时期，盛极必衰，所以合伙要重新点燃激情，有新的愿景和目标来激发内在的动力。

2. 即使实施合伙制，也不要有一夜回升业绩的期望。这个时期的合伙更多的是为了提升企业员工的工作热情和拼搏信心。只有人的主观因素提升了，才有可能在市场开拓出更多机会。

3. 综合考量将哪些岗位的人员纳入合伙人序列。不能仅把少数企业高层列为合伙人，这等于在人为地制造不公平，会对其他员工造成伤害。但也不能把太多的人都化成合伙人，给不合格的人"搭便车"的机会。

4. 成熟的企业必然有一套成熟的制度，包括组织体系、职务职能、人才选拔、绩效考核、升降进退等。合伙制的推行必将与企业当下的制度冲突，若不打破原有的制度壁垒，合伙人制度将无法展开。

企业无论在哪一个阶段，选择合伙的根本原因不在于方案，而在于是否盈利，是否能激发人的斗志。否则即便成了合伙人也是白努力赚不到钱，还要额外承担更多的责任。这种合伙人谁愿意做呢？

因此，无论是企业创业期、转型期、扩张期还是成熟期，推出合伙人制度的目的要么是激发斗志，要是扩充企业能量，这二者是关键，相辅相成。

合伙人模式的几大规则

经营企业最关键的是什么？是人。一个企业的核心命脉是员工。而员工难以管理成了摆在企业面前的第一道难题。新员工摸不着门道，老员工仗着资历变老爱摆架子，说不得，罚不得。而且大部分的企业还会出现员工对工作的积极性不高，当一天和尚撞一天钟。

之所以出现这样的现象，是因为员工的心里始终认为他在为老板打工，而不是为自己打工。所以，改变原本的传统商业模式，以合伙制管理将成为企业管理的一大趋势。

合伙制的激励手段让公司和员工之间产生的是合作共赢的关系，而不是雇佣关系。原来的雇佣关系公司是买员工的时间，员工每天工作8小时，产出公司认为有价值的东西。现在的合伙关系是不管员工付出多少时间、多少努力，公司只与工作结果进行交易，以结果付费。

虽然合伙制企业能够最大限度地实现人人自我管理的目标，但还是有一些管理合伙人的规则需要重视。

一、出资规则

合在一起成为伙伴的前提就是出资，是出人、出技术还是出资源，是押金也是投名状。人的天性使然，对自己付出高价得到的东西才会越发珍惜。出资的规则包括出资方式、出多少资、何时出资三个部分。

从出资方式来看，最常见、最普遍的就是现金出资，也是最直观的出资方式。现金出资方式有两大优势，一是增加了合伙企业的现金流，二是敢于真金白银出资也是对于合伙充满信心的表现，充分说明合伙人已经做好了与创始人风险共担、合作共赢的准备。如果遇到合伙人暂时没有现金的情况下，也可以用其他方法来代替，比如可将该出资人的部分年终分红转化为出资金额。另一种方式就是无形资产或实物出资，如技术、专利、商标、不动产、设备机器等。这些无形资产或实物出资需要有专业的第三方评估机构予以估值，才能确定到底出了多少。

从出资多少来看，到底该出资多少要根据每个合伙人愿意承担风险的比例和经济实力来商议确定，同时要遵循自愿原则，多出多得、少出少得、不出不得的原则。如果合伙人经济实力雄厚，又对合伙企业的前景比较乐观，那么就可以多出；相反如果对合伙企业抱有不确定性，可以少出，这都是建立在公平、自愿的原则上。

从何时出资来看，合伙人有分批出资的，也有一次性全部缴清的。这在合伙协议中都有明确协定。该一次性缴清或限定出资时间而未出资的合伙人需要承担的责任，可以由律师提出意见，由合伙人各方协商后明确在合伙协议中。比如延期缴纳出资的可以支付延期利息，补偿守约的合伙人经济损失；经全体合伙人同意可以解除合伙关系，让违约的合伙人退伙等。

二、出力规则

合伙做事情有了第一步的出钱，那么第二步就是出力干活，合伙人虽然不存在谁管理谁的问题，但依然不可以人人都是老大，人人都说了算。一旦形成人人都是管理者的局面，往往就没有人能说了算。合伙人的分工必须明确，职责要划分清晰，要有做主的人。另外，合伙人虽然具备管理层面的一些权力，但却不是什么都管，真正的干活规则应该是分工合作，各司其职，才能把企业运营好。干活出力的规则也需要一定的规则来约束：

1.能力不同则岗位不同。每个合伙人都具备各自的优势，所以要根据能力匹配其相适应的岗位。其他合伙人也要在自己的岗位上发光发热，不能越界，不能插手别人的事务。

2.挖掘每个人的最大潜力创造最大价值。每个合伙人擅长的领域不同，有的懂管理，有的会技术，有的人脉广，有的善融资，所以要人尽其才，发挥每个人的最大潜力。具备营销的应该负责营销岗位，会融资的要去金融和投资方面的岗位，这样才能发挥每个人的最大才能。

3.分工要均衡。不要出现能干的累死，不能干的闲死的情况。这样下去势必会让干活多的人有怨言，从而影响整体发展。

三、管理规则

最开始合伙的时候人人都抱着美好的想法和愿景，但合伙过程中却总会有不愉快的事情发生。这是合伙人之间意见难统一，无法达到决策一致造成的。所以，管理规则也是合伙的关键，一般管理分几个阶段：

1.创业之初还没到排排坐分果果的时候，一般决策者就是那个出钱多的人。虽然这样的方式简单粗暴，但哪怕决策失误，最终受损的依然是出钱最多的人。

2.发展阶段随着合伙的事务不断增多，决策者往往会有转移，不是当初出钱多的人就一定能够当决策者。这个时候就要考察谁对企业的贡献大，谁大谁就有权来当决策者。这需要根据合伙的能力、贡献和产生的价值来衡量。尤其在后来的发展过程中，遇到重大机遇或者企业生死存亡的关键时候，合伙人还是要综合分析利弊，做出科学合理的判断，不管在决策上有什么样的分歧，最终都要让步于那个给合伙带来更大利益的一方。有时候合伙人之间难免有意见不统一的时候，不同的声音出现要兼听则明，应当做到求同存异。因为求同存异是既能解决合伙人之间的矛盾又不影响企业发展的一个比较好的选择。

四、利益规则

导致合伙人不欢而散的最终根源就是利益分配不均。合伙人对利益分配的诉求各不相同，提前树立分配规则是值得合伙人重视的。一般分配规则也有不同：

1.强制分红。在合伙之初就要约定每年的几月或年末企业存在红利时，均按照各自所占的分配比例进行分红。创始人一定不能以利润不多重复投资为由不分红，这是大忌。只要存在红利，就要分红，这既是增加合伙人对未来的信心也是一种承诺的兑现，有钱及时赚能起到很好的激励作用。

2.考核、增量分红。一般为了平衡合伙人的贡献值，需要设置每个合伙人的考核标准。比如从税后净利润中拿出一部分按照比例进行分配。超过固定红利部分的净利润，按照对各合伙人的考核机制进行分配，设置不同的分配系数，比如。考核得分在 60 分之下，按照 0.5 的分配系数进行计算。即各合伙人应分配的总红利 × 个人所持的分配比例 × 考核分配系数，如最终超额红利分配仍有剩余，滚入次年净利润中进行再分配。

以上这些规则，合伙时一定要明白。做到合伙进入顺利，退出也顺利，干活出力得利益，分配公平透明，这样才能让合伙企业发展得更平稳。

合伙的财税法律

企业合伙很多人看到了有利的一面，却忽略了合伙的风险，这也是导致合伙到最后不得不散伙的原因。阿里巴巴、脸书、谷歌、等合伙企业的神话故事，让很多人前赴后继勇往直前。很多合伙创业最终不是死在市场和客户的手里，而是死在了自己的手里。合伙企业的死法多种多样，有因为股权纠纷的，有合伙协议订立不完善的，有债务承担责任不清晰的，有对账目无法把握导致个人利益受损的，这些不同的问题都可以归为合伙的风险。这些风险既有财务税务上的风险，也有法律上的风险。

第一，如果要合伙创业，什么样的组织形式可以合伙。

张老板在 2018 年投资了李老板的个人独资企业，双方签订了投资协议，约定张老板以 700 万元购买李老板 A 公司 70% 的股份。到了 2020 年的时候，因为 A 公司要将名下的土地使用权转让，从而引发了纠纷。张老板认为自己拥有 A 公司 70% 的股份不同意转让；李老板认为股份没有经过登记转让，仍然在自己的名下，他有权处理自己的资产，不需要张老板的同意。双方就此产生了矛盾和纠纷。

站在法律的角度来看，2018 年双方签订的这个协议并非股权转让协议。因为 A 公司是李老板个人独资企业，既然是个人独资，就不存在股权的转让。股权是有限责任公司或者股份有限公司的股东对公司享有的人身和财产权利的一种综合性权利。也就是说，股权架构是建立在有限责任公司或者股份有限公司的基础上，其他形式的法人组织，比如个体工商户、个人独资企业、合伙企业、社会团体等不存在股权，投资获得的是其他权益而非股权，比如说可能是分红权、表决权。

　　之所以举这个例子就是告诉大家，在合伙创业或投资时，要搞清楚企业的组织形式，这一点至关重要。

　　第二，技术人力资本能否出资。这是一个现实问题，有钱的出钱，有力的出力，看似合理，但是如何操作才能得到法律上的认可呢？

　　我们国家的《公司法》里面已经有明确的规定，公司是指依照《公司法》在中国境内设立的有限责任公司和股份有限公司。同时又规定了股东可以用货币出资，可以用实物、知识产权、土地使用权等出资，可以用货币估价并可以依法转让的非货币财产作价出资，法律行政法规规定不得作为出资的财产除外。对于非货币财产的出资也要遵循一定的程序：

　　1.应当评估作价核实财产，不得高估或者低估。

　　2.应当依法转让并登记备案到公司名下。所以，合伙创业时，如果成立的是有限责任公司或者股份有限公司，是不能单纯用技术出资的，因为技术无法用货币来估价并进行转让。那是不是只有技术的人没有钱就不能出资合伙呢？也不是。国家科技部还有一份文件《关于以高新技术成果出资入股若干问题的规定》，文件里明确规定，只要符合规定的高新技术成果可以通过技术成果价值评估作为出资。当然，并不是所有的合伙人都可以以劳务出资。法律同时还规定，有限合伙人可以用货币、实物、知识产权、土地使用权或者其他财产性权利作价出资，有限合伙人不得以劳务出资。

第三，合伙出资要搞明白对方的底细。很多人一听合伙创业就觉得是好事，事实上天上不会掉馅饼，搞不好还可能是陷阱。一旦有人邀请你合伙做生意需要慎重考虑，防范风险。

1. 对方仅仅是看中了你的资金或你拥有的资源，所以要去了解对方是不是已经深陷困局需要你的资金解套。

2. 信息时代，如果一个人有不良信用记录或其他污点，将来一定会给合伙企业带来严重的影响。所以在合伙之前要查询对方的相关资源、资质、资金、债务，以及是否有足够的财产为个人资信背书。如果查不清楚，盲目合伙会为以后企业的发展埋下隐患。

3. 了解了别人之后还要审视自己，你在这个生意上是外行还是内行。如果你既不是风险投资人，又不懂如何经营、利润如何分配、商业风险如何规避，仅仅是因为融资方的吹捧，头脑一热就真金白银往外掏，投资以后对方不让你插手生意的实际经营，那么一定会有任人宰割的风险。

第四，合伙以后的财务利益问题。

1. 合伙生意中引起纠纷最多的就是利益分配的问题。如果作为合伙人你对企业的生意账目一概不知，只能由融资方口头告知，甚至有的都不告知，这样的情况盈利不知道盈在哪里，亏损也不知道亏到哪里，不但被动而且钱也有打水漂的风险。

2. 在合伙之前都是朋友或是亲戚，所以重感情没有签订任何具备法律效力的书面协议。这样一旦发生纠纷根本无法解决，亏损的时候双方都不想承担，盈利的时候都想多拿。尤其在没有任何协议的情况下，融资方只要不讲情义，那么在分钱的时候就会让合伙人损失严重，而且又没有法律依据不能维权，只能哑巴吃黄连有苦说不出。

3. 合伙容易退伙难。在合伙之前如果没有充分考虑到退伙的情况，不约定具体的退出规则，那么真正想退的时候就麻烦了。要么是不能退伙，要么是不能分割财产。所以在合伙之前要明确规定退伙期限，而且要严格规范合伙企业的账目。这样在合伙清算的时候才会有据可依。如果没有清晰的账目，即使出了纠纷，大部分法院对没有清算的合伙纠纷案件也不会受理和裁判，而是要求当事人清算结束后再行起诉。这样就陷入了死循环。

第五，合伙企业合伙债务承担。

1. 合伙人不仅仅要享受分红和股权增值带来的利润，还要对债务承担无限连带责任。在企业财产之上增添了新的普通债权担保，并且与企业自身的一般债权人的债权无先后顺序之分。

2. 合伙人不得随意请求分割企业财产。（1）合伙人向非合伙人的第三人转让其在合伙企业的财产份额时，必须经过其他合伙人的一致同意。（2）根据《中华人民共和国合伙企业法》规定，合伙人在合伙企业清算前，不得请求分割合伙企业的财产。

3.在合伙退出时进行财务清算，清算人应由全体合伙人共同担任。如未能由全体合伙人担任清算人的，须经过半数合伙人同意。自合伙企业解散后十五日内指定一名或数名合伙人，也可以委托第三人担任。

合伙清算通常有两种类型：（1）普通清算，又称一般清算，合伙人或合伙人同意的第三人对合伙企业组织清算；（2）特别清算，又称强制清算，合伙人不组织清算或无法组织清算时，由法定机构进行清算。

清算过程中，需要特别注意几个事项：

（1）个人合伙财务清算只能自行进行清算，有限责任公司可由法院主持进行破产清算。

（2）个人合伙财务清算要建立在完整的财务账册的基础上，否则清算难以实现，之前投资的财产也可能无法得到最有效的保障。

（3）合伙企业在清算之前应做好协议和准备工作，因为合伙企业散伙或破产引发的清算会涉及法律的问题，处理不好，会有法律风险。

根据以上几点我们得出一个结论，无论是个人合伙还是企业之间的合伙，从事合伙经营时应当注意对照分析、全面考虑，强化自身的法律意识。通过尽可能详尽的书面协议，充分保护各方权益，规避潜在的法律风险，同时增强企业的抗风险能力。

企业壮大时的风险防范

合伙企业从最初的拉人入伙到最后企业成功地发行（IPO）上市，每个阶段都有风险。初创期的风险在于如果合伙架构本身充满缺陷，很容易还没开始就夭折。快速发展期的风险在于合伙制度的设计一成不变，不能帮助公司调整发展状态，提升业绩；同时，也容易出现公司控股权丧失的风险。等到后期上市，合伙人或高管的薪酬都与股票激励相关联，这种只关心股票价格，而不关注长期发展的机制，是不利于公司实现长期稳定发展的。所以，每个阶段都不能放松警惕。

合伙企业在初创时还看不到太多致命的伤，一旦做大做强，蛋糕分配、股权设计问题等就会暴露出来，而这个时候往往牵一发动全身，没有风险则已，一遇风险往往会伤筋动骨。所以，企业越是在做得风生水起的时候，越要有风险防范意识和能力。

做任何事情都有风险，风险和机遇是一对孪生兄弟，真正让创业者受益的是能够在防范风险的过程中成长并且降低企业的成本。一般风险的防范分为事前预防、事中控制和事后补救。做到这三点才能让合伙制落地，合伙人受益。

具体要防范哪些风险呢?

第一,要防范信任的风险。

那些做得好的合伙企业,都是上下同心同德,彼此信任。合伙的信任基础很重要。信任不可透支,信任是一步步建立起来的,而失信可能基于某件事。

第二,防范坐享其成的风险。

合伙的初衷是为了激励,无论是激励合伙人发挥更大的潜力,还是激励员工积极投入工作。但不少人在得到了股权以后却只想着分红拿利润,没有参与经营、共负盈亏的意识。这样难免会让其他合伙人产生一种某合伙人在坐享其成的感觉。这不仅背离了合伙制的模式和发展轨道,而且也会给公司内部带来不好的影响,给公司领导层和管理者造成一种消极的心态。因此,企业在走合伙制路线时,要避免合伙人就是多发钱的认知误区,要给合伙人参与企业经营的权力。

某公司成立于2018年,主营环保材料。张某与王某为创始股东,持股比例分别为50%,公司注册资金为100万元,已于2019年实缴完毕。张某任法定代表人、董事长,王某为总经理兼监事。张某有自己的媒体广告公司和物流公司,当初入股只是看中了该公司的发展前景和王某的吃苦耐劳精神。张某很少来公司,公司大部分员工不知道有这样一个大股东存在。公司在王某的带领下,组建了国内销售部、国外销售部。王某亲自招聘了各部门的负责人,通过两年的努力,把净水过滤器耗材卖到了东南亚国家。到了2020年年底公司实现净利润1000多万元。

有一天张某忽然来到公司要求召开股东会，并委派财务来分配公司利润。而王某则认为净利润是自己和团队创造的，张某只是出了资但并未出力，要按比例分钱肯定不行。张某提出要给员工进行实股激励，需要稀释两大股东的股份比例。王某认为张某不参与经营，提出稀释张某的股份，自己不稀释，结果两人不欢而散。后来王某和自己的团队在外面注册了一家新的公司，通过关联交易转移了未分配利润。张某得知后，以挪用公款、利益输送等名义把王某告到了法院。结果法院以两个公司交易属于正常的业务往来，是企业内部的经营行为为由，驳回了张某的诉讼请求。

从这个案例可以看出，张某作为股东之一不参与经营，在公司有了利润的时候要求分享股东的权益，这对于平时努力的股东是不公平的。这在合伙人层面来看，是一个不小的风险。比如，有的公司为了激励员工给了员工股份，但员工并没有预想的积极，而是坐享其成等着分红，这样一来，原本的激励变成了给员工打工。并且想要把这些坐享其成的员工开除还有一定的难度。因为，一般股东和合伙人都是有公司股份的，是注册股股东，如果他不同意，你是没法开除他的。如果坐享其成的人不在公司干了，但他的股份还在，他依然是法定意义上的股东，有需要股东签字表决的事情，还需要找这些人来，一旦不配合就很麻烦。所以，在合伙之前一定要约束彼此的行为状态，不能出现合伙股东坐享其成的状态。一旦有了这样的苗头就要提前想办法把这个风险规避掉。

第三，防范静态设计的风险。

一个好的合伙股权设计和分配是需要动态股权分配的。因为企业的不断发展，股东类型也不会一成不变，他们的需求和想要得到的回报也不会完全一样。所以企业要想做大，要把股东进行分类，有针对性地进行股权的匹配可以把股东按照不同的周期或不同的目的进行分类。

第一类可以称为资本股东。资本股东一般想找好的项目和优秀的团队，使得自己的资本在未来有更高的议价能力。资本股东更多的是关心他们的资金安全。

第二类可以称为资源股东。在企业发展的过程中一定会有不同的资源相匹配，所以资源性股东更加关注的应该是自己的资源如何在企业的平台实现更大的价值。这个主要指的是在企业的运营过程中进行事务性的运作，主要体现在控制权上。

第三类称为管理型股东。这类股东往往偏重于战略性的活动，为未来开拓更好的盈利空间，所以一般会在创始人迷茫或者公司出现一些转折性问题时提供很大的帮助。

第四类称为顾问型股东。企业发展的过程中，这些股东可能拥有特殊的才能，比如营销做得非常棒或技术非常好，这些都可能成为某个领域的顾问。

针对这些不同类型的股东，在设计股权激励的时候就要有所不同，根据各合伙人对公司的实际贡献重新对分红权或股权进行分配。

比如 A 公司初创时有甲、乙、丙 3 个自然人股东。其中甲与乙为经营者，既出工又出力；丙是甲的朋友，为战略投资人，不参与经营，出工但不出力。A 公司注册资金为 100 万元，甲、乙、丙分别认缴出资 50 万元、20 万元、30 万元，A 公司成立半年后 3 位股东的出资全部实缴完毕。
3 位股东经协商，按照资金股：人力股 =70% : 30% 来计算，3 位股东的资
金股占比分别为 35%、14%、21%；预留 30% 为人力股，并约定由第一大
股东甲代持。因此甲、乙、丙在工商局的注册登记比例分别为 35%+30%、
14%、21%。甲、乙、丙三位股东对 30% 的人力股这样约定：一是拿出
20% 对参与经营管理的股东（甲与乙）进行激励，且在随后的 3 个共同决
定的特定事件完成时，逐渐解锁释放；二是将剩下的 10% 股份作为内部员
工持股平台。

　　在企业经营过程中，风险是必然存在的，但是合伙制公司可以利用合
伙制的优势，做好风险控制，让公司越走越远。

合伙股权的流通和退出

合伙的成功与否不在于如何入伙和运行，而是能否顺利退出，这也是合伙的整个流程的完结。大家提到合伙的时候似乎其乐融融，提到退伙的时候似乎显得有些悲情。事实上，合伙这件事本身从一开始就要放下在一起共事一辈子的想法，合伙的目的是实现共创共赢，而不是彼此绑定终生。而且散伙并不等于失败，好聚好散的合伙恰恰代表的是成功。聚时一团火，散时满天星，能让彼此在分开时比当初合伙时都拥有的更多，生命状态更好，这场合伙，就是成功的。

合伙做事最好的局面就是大家在最初的时候满怀希望，在股权退出的时候其乐融融，这是合伙人最希望看到的局面。所以，选定好合伙人中途退出模式，有利于企业迅速度过转折期，迎来新的发展。建立明确、合理的合伙人选拔与退出标准和流程，是企业合伙人资格动态调整的基础，是帮助公司及时择优汰劣的重要管理工具。相应地，合伙人在不同情况下退出时，其所持股权可通过什么方式退出、退出价格在不同情况下是否有不同标准，也应当在事前有明确约定。一方面可以传递公司的管理导向；另一方面也可避免公司激励资源的不必要损耗，也为降低公司未来面临法律争议的风险。

一个企业，股权的流通性和退出通道非常关键。如果一个合伙项目没有退出通道或者无法资本化，就不算一个成功的项目运作。资本化一般分为两次，第一次是上市，第二次是被上市公司并购。也就是说，投资人投了企业之后，什么时候可以退出，以及用什么样的方式退出，退出之后可以获得多少倍的退出回报，这些设计好了，企业的融资才会变得简单。投资人之所以喜欢一个项目并乐意进行入股和投资的话，是因为能够看到这个项目具有成功的退出通道，所以股权的流通性和退出通道决定了投资人做决定的速度。

很多企业家进行合伙，都很努力地想办法把投资的钱投进来，但是却从来没有考虑过怎么把投资的钱退出去。无论是什么类型的合伙，股权的流通和退出做得不好，这样的投资和合伙就是失败的。

举个例子：如果某合伙人或企业员工投 10 万块钱到公司里面，可能只会占到公司 0.1 甚至 0.01 的股份。如果公司现在一年只有 1000 万的利润，公司不上市分红的话，一年把 1000 万全部拿出来分，那投 10 万块钱在公司一年只能分到 1 万块钱。这么小的分红根本没有什么吸引力。如果企业承诺员工，员工投入 10 万元到公司，然后好好干，帮助公司做好业绩，赚更多的利润，公司 3~5 年之内一定可以上市，上市之后这 10 万块钱就可能变成 500 万到 1000 万，他们会拼命去干活。因为他知道帮公司多赚一点钱，他自己未来的股份就会更值钱。所以，股权的流通和退出最好的一条路就是 IPO 上市。

对于股东合伙人来说，能通过 IPO 上市退出是最为理想的，投资回报最高，社会声望也最好。但是想要成功实现 IPO 除了具备能力，还要有耐心，因为 IPO 需要较长的等待期，而且最终能否上市成功并未可知。

IPO 上市退出有很多优势。在实践中 IPO 是所有退出方式中收益较高的。对于股权投资机构来说，IPO 有助于提高股权投资机构的知名度、市场声誉与社会形象。企业上市通过直接融资平台进行融资，不会影响企业的管理和运营，有助于保持企业的独立性和管理的连续性。上市可以为企业长期发展提供持续的融资渠道。IPO 上市前，公司会进行准备和宣传，有助于提升市场对企业的投资热情和关注度，为企业继续发展创造条件。

对于合伙企业的合伙人来讲，若要取得更高的 IPO 退出回报，还需要注意两个方面的因素：一方面，合伙企业发行的股票要日益增值，要有足够的上涨空间，能够吸引到足够多的股民；另一方面，合伙企业要诚信经营，要有良好的经营业绩，从而获得资本市场的高度认可。企业只有做到这两个方面，其合伙人的退出回报才会更高。

仅次于 IPO 上市的退出方式就是回购退出。

回购退出是目前合伙企业比较流行的退出模式，一般分为两种类型，管理层收购和股东回购。回购退出交易过程简单、成本低，资本安全得到了保障。回购退出模式能够避免因核心合伙人的退出而给企业运营造成大的损害。现阶段我国法律对股份回购的限制较多。《公司法》第一百四十三条规定，公司不得收购本公司股份，除非有下列情形：

1. 减少公司注册资本；

2. 与持有本公司股份的其他公司合并；

3.将股份奖励给本公司职工；

4.股东因对股东大会做出的公司合并、分立决议持异议，要求公司收购其股份的。

《公司法》第七十一条规定，有限责任公司的股东相互之间可以转让其全部或者部分股权。股东向股东以外的人转让股权，应当经其他股东过半数同意。股东应就其股权转让事项书面通知其他股东征求同意，其他股东自接到书面通知之日起满三十日未答复的，视为同意转让。其他股东半数以上不同意转让的，不同意的股东应当购买要转让的股权；不购买的，视为同意转让。经股东同意转让的股权，在同等条件下，其他股东有优先购买权。两个以上股东主张行使优先购买权的，协商确定各自的购买比例；协商不成的，按照转让时各自的出资比例行使优先购买权。公司章程对股权转让另有规定的，从其规定。

《公司法》第一百四十一条规定，发起人持有的本公司股份，自公司成立之日起一年内不得转让。公司公开发行股份前已发行的股份，自公司股票在证券交易所上市交易之日起一年内不得转让。

一般来讲，回购退出模式适用于经营日趋稳定但是上市无望的合伙企业，而对于即将上市的合伙企业来讲，选择这种回购模式并不利于公司的扩张发展和持续经营。

第三种退出模式就是新三板退出。

新三板为原股东退出提供了便利，是一种很受合伙人欢迎的退出模式。不管是合伙人还是员工，如果股权过了限售限，都可以很方便地在市场上出售自己的股权，实现溢价退出。新三板退出模式主要通过做市转让和协议转让进行。做市转让遵循市场交易原则，买卖双方添加一个"做市商"，有利于促进股权退出交易的公平公正。协议转让则是一种较为系统的退出机制，这种退出方式是在股转系统的监测下，买卖双方借助洽谈协商的形式，最终达成股权交易。采用新三板退出模式，合伙企业能够借助其强大的融资功能，得到更强大的广告效应和政策支持。另外对于合伙人来讲，新三板市场的进入壁垒更低。借助新三板市场灵活的协议转让制度与做市转让制度，能够更快地实现退出。

第四种是绩效考核退出模式。

合伙人制度必须与绩效考核结合，实行合理合规的考核标准，目的是正向激励合伙人，达到绩效考核就多分红、多奖励，达不到绩效考核就少分红、少发奖励，甚至还有可能被踢出合伙人队伍。这种模式也是合伙企业比较常用的一种合伙人退出模式。比如A、B、C三人合伙开了一家服装设计公司。由于一直得不到扩张，于是就以加盟的方式加入了另一家大型服装公司。他们三人各司其职，A负责与客户沟通，B负责服装设计，C负责内部管理。因此很快为公司筹到了更多的资金、技术和人才，使得原本的公司有了起色并具备了扩张的资本。后来B由于个人原因中途退伙，经过与其他两人协商，把自己28%的股份以溢价的方式卖给了A和C。A和C考虑到B为公司所做的贡献，决定在原有溢价的基础上，再增加原价的20%来购买其股权。三个合伙人通过这种退出方式，做到了好聚好散，其合伙企业也顺利地实现了过渡。

还有一种是投资人最不愿意看到的退出方式，那就是清算。

清算是一个企业在破产倒闭之前进行的止损策略。清算是需要成本的，并且还要经过很长的时间，走复杂的法律程序。清算是一种不得已而为之的方式，可以收回部分投资，但走到清算这步往往意味着项目投资亏损，收益率可能是负数。

对于已确认项目失败的创业应尽早采用清算方式退出以尽可能多地收回残留资本，其操作方式分为亏损清偿和亏损注销两种。

亏损清偿指申请破产并进行清算，这个需要一定的时间成本，还要走较为复杂的法律程序。如果一个项目投资失败但没有其他债务，或者即使有少量债务但债权人不予追究，那么风险企业家或风险资本家就不一定会申请破产清偿，而是采用其他的方法来经营，并通过协商等方式决定企业残值的分配。

亏损注销指公司不具备转让和继续经营的要求，那就可以进行公司注销了。公司按流程成功注销后，法人及股东不会留下任何不良记录也不会进入黑名单。

第八章
成功合伙制
企业模式借鉴

阿里巴巴："自定义式"合伙制度

　　阿里巴巴作为互联网企业，可以算得上是一个丰碑式的坐标。无论创业的发展历程还是合伙制度都让很多人津津乐道。但阿里巴巴的合伙制度并非传统意义的合伙模式，可以说是一种自定义式的模式。从 1999 年开始，阿里巴巴执行合伙人制度，并于 2010 年正式确立，阿里巴巴给这种合伙人制度命名为"湖畔合伙人"。这种合伙关系最终以协议的形式确定并流传了下来。

　　阿里巴巴的合伙人极具传奇色彩，被人们称为"十八罗汉"。这些合伙人原本都有着稳定且高收入的工作，但与马云合伙创业之初却能一起吃泡面、住民房、领低微的工资，一起面对困难、克服困难，最终实现了创富的梦想。阿里巴巴的这些合伙人既是股东，又是公司的运营者、业务的建设者和文化的传承者，这对于阿里巴巴来说是一种新的创举，不同于传统法律意义上的普通合伙人。这些合伙人身份不等同于股东，虽然合伙人都必须持有一定的公司股份，但如果不是永久性的合伙人，其余的人在60 岁退休或中途离开阿里巴巴的时候必须退出合伙人，这与同股同权身份不同。

阿里巴巴的合伙人制度始于 2009 年，直到 2013 年才随着上市临近对外公布。该制度是阿里巴巴独创的管理制度，它并不同于传统意义上的合伙人制度。传统的合伙人制度要求合伙人共同为企业的盈亏负责，而阿里巴巴合伙人则不必承担这样的责任。

但阿里巴巴的合伙人有几点硬性规定：

1. 在阿里巴巴供职必须超过 5 年；

2. 高度认同公司文化并具备优秀领导力；

3. 合伙人团队成员要拥有董事会半数成员提名的推荐权。

在阿里巴巴工作满 5 年的员工（即"五年陈"）普遍持有公司的股票。马云同时对他的团队和老员工传达了一个理念，要看远期的价值，而不要把目光锁定在眼前的利益。他对工作 5 年以上的老员工讲："有一种股票是炒买炒卖，做短线的，今天科技板，明天化工板，后天外贸板，如果一家公司的股票被这么炒过，那它自己也被炒糊涂了。因为任何一粒种子被炒过以后，就不可能再发芽了。股票猛涨时，管理层、创业员工都欣喜若狂，突然掉下来，又无比沮丧，这样折腾几下，这家公司就废了。"

所以，阿里巴巴的合伙人制度有别于传统的合伙制度，他们建立的不是纯粹的利益集团，也不是为了控制公司的权力机构，而是企业内部的真正价值观和动力机制。这个机制让员工和合伙人看到愿景和使命并产生源源不断的创新动力，让组织更加完善也更具竞争力。正因为此，阿里巴巴的股东才能有信心去争取更长远的利益回报。

阿里巴巴 2007 年在香港上市，2012 年退市，2014 年在纽约上市，

2019年在香港重新上市，大概是这么一个过程，其重点就是从2014年在纽约上市到2019年在香港上市，一直推行合伙人制度而没有大的变化，阿里是由合伙人来控制。那合伙人究竟怎么控制的呢？我们先分析阿里合伙人的背景，这个对我们多数老板是有参照意义的。

一家公司的控制权有的是在大股东手中，有的是在投资人手中，也可能是在创始团队手中，究竟哪个对公司更好呢？这个各有千秋，如果从公司发展来看，谁对公司发展更重要，谁就说了算。比如，乔布斯在苹果的时候虽然做得很好，但是还是遇到了挫折，所以整个董事会或者说整个股东团队，都认为这家公司应该由更优秀的人来领导，而不是由创始人来领导，所以乔布斯就被辞掉了。结局不言而喻，苹果差一点倒闭。之后他们才意识到，真正对苹果起作用的其实是创始人，也就是乔布斯本人，最后又把乔布斯请了回来。不管是资本市场，还是创始团队，真正对公司起作用，才是这家公司的灵魂，我们有时候曲解了创新或者看弱了创始人对公司发展的重要性。

所以阿里巴巴为什么让合伙人来控制，它背后其实只有一个逻辑，就是通过制度的安排来掌握公司的控制权，确保创始团队和管理层的权益。其实更重要的是传承它的文化，保证创始人的精神和灵魂能在这家企业中得以传承。

马云能够从容卸任，与阿里巴巴的合伙人制度密不可分。正如马云在宣布卸任决定的当天发表的公开信中提到的："只有建立一套制度，形成一套独特的文化，培养和锻炼出一大批人才的接班人体系，才能解开企业传承发展的难题。而这一制度就是阿里的合伙人制。"

阿里巴巴的合伙人制是很多合伙人制度中的典范，既保证了创始人及其团队对企业的控制权，也有利于更有效地规划和实施企业战略，同时还能实现企业文化的传承发展。

那么，我们可以从阿里巴巴的合伙人制度中借鉴到什么呢？

一、合伙人的进入与退出机制

首先，合伙人的进入制度。阿里巴巴每年增选一次合伙人。由现有合伙人向合伙人委员会提名新增合伙人的候选人。合伙人委员会审核是否通过其成为正式候选人。现有合伙人实行一人一票选举，得票超过 75% 才能当选为新的合伙人。合伙人不限人数，便于推荐和培养新的人才。

其次，合伙人的退出机制。阿里巴巴的合伙人不设期限，符合以下某一情形，则丧失了合伙人资格：

60 岁时自动退休；

不在阿里巴巴工作；

死亡或者丧失行为能力；

被 50% 以上合伙人投票除名；

合伙人离职后将不再有奖金池的分配资格；

合伙人的进入与退出都由合伙人内部决定，无须经过股东大会。

二、特殊合伙人

阿里巴巴不像普通合伙制企业，推出了永久合伙人和名誉合伙人。比如，马云和蔡崇信作为永久合伙人，无须遵守 60 岁自动退休的规定，直到自己选择退休、死亡、丧失行为能力或被选举除名，才会不再是永久合伙人。另外，阿里巴巴有荣誉合伙人，合伙人在符合特定年龄和服务要求的情况下退出企业的，比如60岁退休或者合伙人的年龄和在阿里巴巴工作的年限相加总和等于或超过60岁的，可以由合伙人委员会指定为荣誉合伙人。

三、保证合伙人控制权，避免资本控制企业

马云说："我们不一定会关心谁去控制这家公司，但我们关心控制这家公司的人，必须是坚守和传承阿里巴巴使命文化的合伙人。"

阿里巴巴通过建立对董事会成员具有提名权和任免权的合伙人团体，使所有权与控制权分离，控制了董事人选，进而决定了企业的经营运作。资本是为企业服务的，而企业不是为资本服务的。

四、保持使命和愿景的一致性

阿里巴巴作为创造人和创始人投票选拔出来的合伙人，在共同利益上是一致的，在经营公司的使命、愿景和价值观上是一致的，在创造价值上往往也是靠得住的。阿里巴巴只在受控的合伙人委员会领导下，才能保持长期、健康的发展，才能从根本上确保所有股东的利益。阿里巴巴合伙人多次提及："最了不起的是我们已经变成了一家真正靠使命和愿景驱动的企业。我们创建的新型合伙人机制，我们独特的文化和良将如潮的人才梯队，为公司传承打下坚实的制度基础。"

阿里巴巴的模式并不是完美的样板，却让我们看到了马云的商业和组织能力。叠加愿景、使命、价值观的体系能帮助阿里巴巴成为好公司，然后把接力棒交给继任者。正如马云在阿里巴巴 20 周年年会时讲的那样，今天不是一个人的选择，而是一个制度的成功。阿里巴巴不走寻常路，不走大众认为的那种合伙制度，而是通过自定义式的合伙制度，走出了一条可持续发展的、可传承的集文化、价值和愿景为一体的制度。我想，这些正是众多企业需要向阿里巴巴学习的地方。

阿米巴：激发员工实现自盈利模式

阿米巴经营模式，是稻盛和夫用在京瓷公司的一种经营手法，是他多年的经验总结。在京瓷公司，不只是经营管理层，全体员工都参与其中，逐渐构成了特有的阿米巴体系。

阿米巴与合伙制模式有很多相同之处，也有不同之处。阿米巴的根本目标是为了激发员工实现自盈利模式，跟合伙制的激励手段有异曲同工之妙。

与传统的行政组织架构不同，阿米巴经营模式拥有更小的规模，更加灵活多变，丝毫不会因朝令夕改而伤筋动骨。所以，传统组织与阿米巴自盈利经营模式的差异体现在：

传统组织随着组织扩大，会出现沟通成本、协调成本和控制监督成本的上升；部门或个人分工的强化使得组织无法取得整体效益的最优；难以对市场需求的快速变化做出迅速反应等问题。

阿米巴组织架构，正是由于传统行政组织模式难以适应激烈的市场竞争和快速变化环境的要求而出现的。

传统企业的组织架构图都是自上往下的矩阵图，是一种金字塔式的等级制结构。而阿米巴组织架构图却是自下往上的蜂巢图，由许多个公司中的小公司构成企业的组织基础，每个小公司都是一个独立的利润中心。

阿米巴组织架构需要员工打破原有的部门界限，绕过原来的中间管理层次，直接面对顾客和向公司总体目标负责，从而以群体和协作的优势赢得市场主导地位，达到使各个盈利的小组织变得灵活、敏捷，富有柔性、创造性的目的。

传统的经营模式，大部分是领导人非常忙碌，员工非常闲；老板要利润，员工只看薪水；传统的管理学是一种刚性、机械的管理，以制度、流程为中心，以量化的考核为形式，将人看作是无差别的管理对象。这种管理学的发展，如今已经陷入了困境。而阿米巴的经营思维，则是以传统管理制度为基础，又融合了哲学智慧。

掌握比常人更优秀的思维方式，也就掌握了优秀的哲学、卓越的思想、高尚的人生观、正确的判断标准。可以说，阿米巴组织管理并不是把自己的主观意识强压给被管理者，而是按照事物自身的规则来管理，激发出员工的主动性和创新精神，关心人的心灵，尊重人的价值，重视人的成长。所以，二者存在很大的差别。

1.成本意识不同。传统经营模式，成本中心的负责人只对成本负责，而不关心收入，可以说是为了达到上级下达的降成本目标而降成本。而在阿米巴经营模式下，全体成员的收入与自盈利经营体的效益直接挂钩。因此，大家一方面要考虑如何去尽可能地降低成本，另一方面还需要考虑如何才能增加产出。换句话就是说，阿米巴经营模式不是要求员工降低成本，而是注意改善经营绩效，增加有效的产出以达到盈利的目的。

2. 资源利用不同。传统管理模式追求利润最大化，为了赢利可以说不择手段，也不考虑其他，最终造成资源浪费大、利用小。而阿米巴经营模式则是追求成本最小化、利润最大化。对任何资源不浪费，实现了浪费小、利用率高。

3. 绩效考核不同。传统模式以部门考核为主；而阿米巴经营模式是把经营体作为考核单位，直接将经营成果按约定方式分配到自营利组织。传统模式是一种强制性结果考核，而阿米巴经营模式则是把过程管理和成果考核有效地结合起来。

4. 工资支付不同。传统管理模式是老板发工资，而阿米巴组织则是员工赚工资。传统模式下，员工在通常情况下是一种被动接受的角色；而阿米巴经营模式要求员工从一开始就参与到资源量化分摊的过程中。

5. 奖金分配不同。传统经营模式，没有利润的概念，传统薪酬分配方式对员工激励程度有限；而阿米巴经营模式经营体成员的实际收入与经营利润密切相关，更好地做到了收入分配的公正、公平、公开。阿米巴经营模式分得清什么是价值体现，真正激励先进者。

6. 上下关系不同。传统管理模式，老板是企业领导者，员工是纯粹的打工者；员工只关心自己的成本，对企业整体绩效敏感度不够。而在阿米巴模式中，员工成了主人翁，实现了自主经营，成了真正意义的事业合伙人。员工以经营者的身份参与企业的经营。企业的市场好坏、产量多少将直接影响到员工的经营收益，因而员工对整个企业的发展更为关注，主人翁意识更强，积极性、主动性更高。

7. 工作意识不同。传统管理模式下，老板下达了命令员工才会去做，而且并非心甘情愿。而阿米巴组织经营则是员工自觉主动去做，化传统模式下的"要我做"为"我要做"，提高了自主意识。

所以，阿米巴的这种经营模式，就是在对传统组织利弊分析的基础上，建立了一套自盈利模式，并且运用精细的部门独立核算管理将企业划分为小集体，也就是构建公司中的公司。在企业中，以各个小公司为核心，自行制订计划，独立核算，持续自主成长，让每一位员工成为主角，全员参与经营，打造激情四射的集体，依靠全体智慧和努力完成企业经营目标，实现企业的飞速发展。

相比传统组织而言，自盈利组织划分需要遵循能够独立完成一道工序并创造市场价值这一原则，即能够做到服务企业战略、最大限度划小、独立核算、独立完成业务、责权利一致性，把企业整体划分为一个个能够自主经营、独立核算、自负盈亏的自盈利组织。

一个大公司或企业拆分出多个公司中的小公司，并不是胡乱划分，而是根据一套严格的标准拆分的，每个自盈利组织的存在是为了强化责任和目标，比划分前更容易锁定责任人，在出现问题时可以避免推卸责任的情况发生。

一般自盈利组织的架构需要满足以几个条件：

组织机构要具备独立核算的基本功能；

要能够明确经营责任；

能够独立完成一道工序；

有改变业务短板的能力；

以长远效益为先。

自盈利组织是以价值流程为中心的，而不是以部门职能来构建组织结构。由于企业组织架构得到了细分，最基层的组织也能够最大限度地发挥公司整体的能量。更重要的是，企业全体员工经过组织划分后，由于责任细化，会萌生一种经营自家企业的意识，工作会更加积极主动，从而在公司中传递源源不断的正能量，从而能够实现企业的长远目标。比如：

实现全员参与的经营；

以核算作为衡量员工贡献的重要指标，培养员工的目标意识；

实行高度透明的经营；

自上而下和自下而上的整合；

培养领导人。

具体展开来看就是，第一大目的是实现全员参与的经营。意在确立与市场挂钩的部门核算制度，公司经营的原理和原则是追求利润最大化和费用最小化。为了在全公司实践这一原则，就要把组织划分成小的单元，采取能够及时应对市场变化的部门核算管理。经营者根据各个单元提交的核算情况，可以准确地把握整个公司的实际经营状况，进而对公司整体进行细致的管理。

第二大目的是培养具有经营者意识的人才。根据需要把组织划分成若干个小公司，把公司重组为一个中小企业的联合体。把各个单位的经营权下放给各个小公司的领导，从而培养具有经营者意识的人才。即使是在公司规模不断扩大，经营者和各部门负责人无法管理整个公司时，只要把组织划分为若干个小单元，采取独立核算的方式，那么该单元的领导就可以准确地把握本单元的情况。同时，由于划分后的组织人数少，主管这些小单元的领导可以比较容易地掌握日常工作的进展情况，并进行工序管理。即使没有特别高的管理能力和专业知识，小单元的领导也能够正确地进行本部门的运营。

尽管是个小单元，但像这样被委以经营权后，单元领导会树立起自己也是一名经营者的意识，进而萌生出作为经营者的责任感，尽可能地努力提升业绩。这样一来，大家就会从作为员工的被动立场转变为作为领导的主动立场。这种立场的转变正是树立经营者意识的开端，于是这些领导中开始不断涌现出能与公司一同承担经营责任的经营伙伴。

第三个目的是实现全体员工共同参与经营。我们要激励全体员工为了公司的发展而齐心协力地参与经营，在工作中感受人生的意义和成功的喜悦，实现全员参与的经营。

如果全体员工能够积极参与经营，在各自的岗位上主动发挥自己的作用，履行自己的职责，那么他们就不仅仅是单纯的劳动者，而将成为拥有经营者意识的并肩奋斗的伙伴。如此一来，每当履行了自己在工作的职责之后，就会感受到工作的喜悦和成就感。

他们不单单是雇员，而是具有作为经营者的意识来有效控制企业成本，达到利润最大化。同样，因为员工由被动接受管理到实现了主动自负盈亏，个人的主人翁意识也在提高，管理水平也会有所改变，无形中对员工的培养和领导潜力的挖掘都有很大的帮助。

自盈利模式把员工变成经营者。让他们有主动权，有参与意识和自主创造的行为方式。这种模式，也代表一种去中心化。原来的企业有很多中心，所有的领导都是中心，每个员工都有他的上级，上级就是他的中心——甚至多中心，有很多的上级。去中介化，不仅仅是社会的中介，也要去企业内部的中介。

这样做以后的企业会变成什么样呢？原来的企业有很多很多层次，现在变成了只有三种人。这三种人互相不是领导被领导的关系，而是创业范围不同的关系。

第一种人是平台主。所谓平台主就是说你本来管了很多工厂，很多车间，但是现在是一个平台。不是管理这些车间，而是让你通过这些平台来产生创业团队。

第二种人是自主经营者。他可以是一个独立的部门，也可以是供应链上的某一个环节。

第三种人是正在成长起来的普通员工。这种员工可以再加入一个独立的创业部门。

所以，自盈利模式的组织架构内核是要实现全员参与，实现共同创造价值。让每个人都来创业，每个人都来体现自身价值，从而实现共同创造价值的目的。

万科：限制性股票激励计划

　　万科在设计合伙人机制的时候也去阿里巴巴考察过，想把阿里巴巴的模式引入万科，但是很遗憾万科没有建立起像阿里巴巴那样的合伙机制，原因是万科错过了建立合伙人机制的好时机。阿里巴巴在 2010 年的时候就已经开始把合伙人制度法治化了，而万科做这件事情的时候已经是一个非常大的蛋糕了。万科的盘子很大，有非常多的土地资产，整个公司的资产上千亿，怎么给员工做激励呢？员工即使拿出很多钱投入在公司里面也只能占一小份额。比如说一个员工倾其所有，在万科占的股份比例也只有1% 或 2%，那员工怎么可能有积极性？所以，当时的万科很难给自己定位，对内它是一个人人可以参股的"人和公司"，外壳却依然是受资本控制而非合伙人控制的"资合公司"。因为万科有很多重资产，有很多土地储备，建一个楼不但要拿地还要拿贷款，需要用很多银行的钱，说它的内核是靠人，但它外在的表现形式却是靠资本，这种公司激励起来就比较有难度。

　　万科采用的限制性股票激励计划曾备受学者和报酬专家的称誉。万科股权激励计划是在该公司达成一定业绩目标的前提下，通过信托管理方式，在特定的期间购入其流通 A 股，经过储备期和等待期，并且在其股价不低于前一年均价的情况下，才可以将购入的股票奖励给管理层。由此可见，万科的股权激励方案是以股东的财富增长为目的，以公司的业绩水平为保障，以前一年股价的均值作为考核基准，避免受到股价短期波动的影响，从而使股权激励这种促进企业内部增长的工具，更加合理地发挥作用。

限制性股票是什么呢？类似我们的经济适用房。国家为了保障经济条件不宽裕的人有房住让其申请经济适用房。通常经济适用房一般在城市的边缘地带或者郊区，所以房子的单价会比商品房低很多，并且面积也小。申请到经济适用房资格的人付完款项之后，当时就可以入住。但是它也有限制条件，通常产权在 5 年之内的经济适用房是不能上市进行流通转让的。而商品房肯定没有这个转让限制。限制性股票就是这个道理，它比期权价格相对便宜但有一定的限制条件。公司对员工做股权激励，如果用的是限制性股权，限定条件就是股票的转让权，被激励者拿到股权以后短期内不能转让。什么情况下才能转让呢？

1. 时间的限制。如果你有 100 万股票，公司通常会规定只有持有股票满 3 年或 4 年才能解除转让的限制，行话叫作解锁。如果没有干满一年就离职，那么股票就会被取消或回购。

2. 业绩条件的限制。除了满足时间条件之外，还必须完成每年的业绩任务，这样才有资格转让。

3. 额度的调整。假如说 2020 年 1 月 1 日你手中有 100 万现金股票，那这个时候可以转让多少额度呢？这个也是有限度的，比如公司规定的解锁期是4年，如果采用匀速解锁的话，到了2021年1月1日，可以转让1/4，也就是25万。那么，同样到2022年1月1日也能解锁25万，以此类推，每年都只能解锁25万。

限制性股票激励计划和期权激励的本质是相同的，公司让合伙人和员工低价买入限制性股票，也是希望他们既能在公司赚钱，又能干得长久。这样员工才能把股票的价值给做起来，双方都能从中受益。从变现的过程上来看，限制性股票和期权的流程几乎一样；从收益的角度上来看，员工也能得到实实在在的好处：第一能享受股票买入和卖出的差额，第二卖出去之前可以获得分红收益，第三享有股权权益。

那么，企业如何进行限制性股票激励计划呢？

首先，确定授予条件，也就是激励对象的范围，限制性股票授予的人群比期权的人群要略小一些。限制性股票一般是无偿的，但在我们国家对于线性股票的授予条件是有明确规定的。上市公司股权激励管理办法明确规定，限制性股票的授予价格不得低于股票票面金额或者市值均价的50%，这两者取较高级。由此可见，我们需要支出一定的成本来获得限制性股票。如果公司还没有上市，那么一般情况下，股份公司的股票金额至少1块钱一股。当然，在资本市场里的股票已经不值1块钱，但资本市场的价格毕竟是估值，不能算作股票的票面金额，所以这个时候我们还是可以用1块钱来进行定价。但如果已经是上市的公司，那么就必须按照不低于4%~50%的价格来计算这个股票的价格，这就是获得限制性股票的最低成本。

如果是非上市公司或者连股份公司都不是的话，只是一个有限责任公司，而且未来的公司也没有可能发展到上市融资的规模，只是单纯为了激励员工，那么授权股权的时候可以没有价格的限制。这可以算作是一种民事财产权利的支出，也不用对公众承担什么社会责任，只要公司的股东一致认可就可以。如果企业经营的好，未来是奔着上市为目标的，那么最好在开始的时候规范严格一些。

其次，限制性股票的出售条件。限制性这三个字就是体现这种激励工具的最主要策略，所以限制性股票的限制条件才是重点。满足了限制性条件，也就解除了股票持有的限制，那么就可以自由出售。出售条件有以下几种：

第一个是股票市价调整。股票市价条件是针对上市公司的。既然是上市公司，那么公司的股票市价肯定是上市公司最为重要的经济数据。公司业绩好盈利率高，市场占有率高，或者受到资本市场的看好和追捧，那么股票市值也会比较好。因此可以设定一个股票市值条件，如果未来公司达到了这个股票市值，手上的股票就可以解禁了。股票市值不跟公司管理层做的业绩好不好挂钩，只跟公司管理层会不会做市值挂钩。所以单纯设定一个股票市价，就显得有点不靠谱，所以第一个条件就是股票市值条件。

第二个是年限的禁售条件。也就是设定一个持股年限，比如说必须持股满 3 年或者满 5 年，而且这个期限届满以后还不能一次性出售，必须得逐年按照比例来解禁。我们国家相关的法律规定，每一个期限不能超过12个月，每一次解禁的数量不能超过50%。那么设置年限这个条件主要有两个目的：把激励对象和公司绑定起来。这么多年激励对象得给公司做出这么多贡献，才能够出售这些股票，享有收益。是为了维持股票市价的相对稳定。通常我们的限制性股票激励一下子就是好几十万甚至上百万，要是到了设定好的年限，大家全部抛售，那么会对公司的股价产生严重的影响，这样一来也会伤及广大的股民。所以只能逐步释放，这样可以减少对公司股票市场稳定性的干扰。员工手上还有公司的股票，那么也就能够继续对公司负责任地好好干下去。

最后，限制条件还有业绩条件。期权的业绩条件是用来约束，看你是否享有行权的权利；而限制性股票的业绩条件是用来限制的，看你是否享有出售股票的权利。在某一个考核周期里面，业绩条件不满足激励方案设定的业绩目标，那么这部分股票就不能进行出售，就没有办法享受限制性股票通过出售而获得的差价收益。那么有人要问了，如果我没有达成业绩，我手上的股票不能出售，那怎么办呢？上市公司股权激励管理办法也做了明确的规定，这部分股票上市，公司必须要进行回购，但回购肯定不是以市价来算。回购的价格是授予价格加上银行同期存款利息。换句话来说，就是把你获得的这部分股票，即本金加上利息还给你。

限制性股票和期权有什么差异呢？

首先，二者的获得不同。限制性股票事先获得，只要符合授予条件，出资即可获得。而期权是一种期待权，只有行权的时候才拥有这些股票，在这个之前你想要的都是一种未来的权利，股票并没有实实在在地落到你口袋里，这是两者获得上的区别。其次，两种股票都要出资获得，一个是设定一个授予价格，一个是设定一个行权价。最后，收益方面的差异。对于限制性股票来说，限制性条件解除或者说解除禁售之日的股票市值，跟授予成本之间的差价就是收益，差额越大收益也越大。期权也是一种差异，计算的是行权的时候行权价格与事实之间的差异，也是差额越大收益越大。但这两种差额是有差别的，限制性股票的差额是正数，也就是说公司市值是增长，那么这个时候就有收益；公司的市值是下跌的，那么很可能就没有收益，甚至是亏损。你用 10 块钱买了公司的股票，当时这个是股票的市面价格正好是 20 块钱。那么我们是按照市值的 50% 获得的这个股票授予。结果 5 年禁售期结束，公司的股票变成了 5 块钱，那么实际上你是亏了 5 块钱。这个情况对于期权就不成立。比如说期权约定的行权价格也是 10 块钱，等你可以行权的时候，A 股票价格跌到了 5 块钱，你完全可以不行权，就不会发生亏损。所以从风险的角度来评判的话，限制性股票的风险性会略大于期权。因为期权还有一个形成的过程，你可以决定行权或者是不行。从收益方面看，限制性股票成本是确定的，公司股价上涨的多少决定收益的多少，期权往往是用市值的一定比例来设定行权价格，所以无论公司股价上涨多少，行权的时候也只能基于这个比例来享有市值的差额利润，所以期权的收益相对有限。

限制性股票的激励怎么执行呢？根据 2016 年颁布并在 2018 年度修订执行的《上市公司股权激励管理办法》简称《激励办法》，限制性股票的激励方案有几大设计要点。根据《激励办法》的规定，可以接受限制性股票激励的企业人员包括四类人：董事、高级管理人员、核心技术人员或者核心业务人员、对公司经营业绩和未来发展有直接影响的其他员工。很多国家上市公司的董事源于母公司兼职的负责人，这需要区别判定。

不能参与限制性股票激励的人员也有几类：

持有 5% 以上股份的股东或实际控制人，以及他们的直系亲属；

出现违法、违规等情况，被认为不适当的人选；

独立董事和监事。

《激励办法》规定，上市公司全部在有效期内的股权激励计划所涉及的标的股票总数累计不得超过公司股本总额的 10%，这是限制性股票发行的总上限。不过，这是指对于多次发行股权激励计划累计的总额度，对于单次发行来说，具体要占多少股比，需要各家公司自行把握。

限制性股票作为一种新生激励品种，它的效能有待时间检验，也需要各个国企积极参与实践。

海尔：企业搭平台，员工当创客

海尔为了找到一个适合自己的运营管理模式以及持续盈利的发展道路，起码经历了4次以上的大型组织变革。海尔在转型变革期间，业绩一直保持着稳步增长。2015年海尔开始"人单合一双赢"模式的改革，年营收复合增长率6%，年利润复合增长率30%，在激烈竞争的家电行业闯出了一条适合自身发展的路径。

这也是海尔在探索自己组织转型的密码。当互联网时代来临，海尔在组织转型的道路上也走得更加坚定，越来越得心应手，似乎也越来越接近那些密码。

到如今，海尔的人单合一双赢模式已经用自己的方式，揭示了组织转型的若干密码。在这个饱含不确定性的时代，实践者不止海尔，优秀的企业都在进化。

海尔模式的变革主要是自主经营体和倒三角管理模式。倒三角就是把原来的正三角金字塔式的组织架构倒过来变为倒三角的组织架构。这么一倒，就发生了翻天覆地的变化。金字塔的模式是公司的总经理，接下来是中层和高层管理者，再往下是一线工作人员，这个架构信息传递从上到下，这种层级制度容易造成信息传达不到位，所以处于最下层的员工积极性很难被驱动。倒三角的管理方法是把一线工作人员作为获取市场信息和响应客户需求的主要载体，下面的高层包括总经理。所以，倒三角也可以叫内部的管理驱动变为了顾客和市场驱动。

海尔模式真正值得企业学习的地方就是企业搭平台，员工当创客，实现自主盈利，变成一个个小微企业。海尔一直在组织和管理上有很深的造诣。海尔把几千万人的企业，拆成几千个小微企业，每个小微企业都有自己的三张财务报表。通过与用户零距离接触的方式，极大地激发了大家的创造力，带来由下而上的变革，并且让企业成为创业平台，让千千万万的小微企业来海尔平台创业。这是一个大跨步和新的尝试。海尔集团的7万多人已经有2万人离开企业加入了创业大潮中，整个企业变成了一个平台化的动态组织。以前的层级结构是一层一层的，主要负责沟通传递，把用户的一线需求传递到顶层；现在是小微企业员工团队直接和用户对接。这样，以前上传下达的中间管理层大部分就不需要了，这些人大部分转型为创业项目负责人，还有一小部分直接被淘汰离开了企业，比如总部职能部门去掉，工作交给小微企业，就不需要专门的职能部门了。

企业改革之后，员工的创业激情有了明显的改善。因为他们自己投入资本创业了，角色完全变化，以前是被动打工，现在自己也是老板。另外，海尔的创客平台还能为创业团队提供各方面的专业服务。海尔的创客工程，有价值几千万的三D打印设备，可以给小微企业硬件提供模具，定制开发服务；海尔的创客学院可以提供管理、融资、上市等方面的培训，同时提供财务、法律等方面的咨询服务。海尔内部设有创业基金可用于投资创业项目，在青岛还有创业基地，对一些比较成熟的项目可以到平台来进行发展上市。在小微企业的创业平台共同努力下，目前已经有不少的成功案例，雷神笔记本电脑、迷你投影机、咕咚手持洗衣机、智慧烤箱等。其中有相当多的小微企业是外部过来合作的，比如种菜神器、健康医疗设备等。

小微企业的成功，让作为平台的海尔有了更多的收益。

第一部分是股权收益。小微企业的资本贡献是海尔出一部分、个人出一部分，再加上风险投资跟海尔发展的产业方向有关的小微企业，海尔占股份的大头，跟海尔的产业规模不是直接相关，但市场前景很好的小微企业占股就比较少，社会资本占大头。

第二部分收益是抓住未来的新产业机会。以前是出去找新项目的产业，找完之后再找另一个团队开始干，但是往往不行，现在这个创业平台只要全世界有好的团队都可以进。海尔不是简单追求业务、规模上的增长，更关注创业转型战略到底能不能成功，因为这才是未来。目前多个小微企业可以说都是海尔的，因为他们离不开海尔的资源。目前海尔平台上有 5 万名员工，有一部分员工已经不再和海尔签劳动合同，他们是小微企业的组合成员，从某种意义上说，跟海尔集团已经没有雇佣关系。如果再往下发展到极致，海尔就完全是一个创业投资平台了，到时跟海尔直接签约的员工可能只有几千人，甚至只有几百人。但海尔又不完全是投资机构，因为投资机构没有品牌，不会追求产业的发展，只要赚钱就行了，海尔有自己品牌和产业方向，并围绕智慧家庭战略开展生态布局。

海尔完全是一个开放的平台型企业，海尔的开放是一个彻底的开放，孵化出很多小微企业，让员工成为自己的 CEO，成为一个创业者。海尔的平台＋合伙制模式是值得企业借鉴的。

海尔改变雇佣制的职业经理人制度，实现了人才潜能的释放。我们来看下海尔是如何改革的。

第一步：管理部门变后勤部门

变正三角模式为倒三角模式，让一线销售员工真正接触到用户，管理部门变成了后勤部门，实现了并联，所有的价值创造模块都并联到一起（包括人力、财务等），共同面对用户。用户付钱，大家一起分；用户不付钱，大家一起亏。有意思的是，这就逼得研发等后台部门去交互用户，也逼得人力资源等部门去学习业务、讨论商业模式。事实上，只有这样才能把所有人的利益绑定一致，确保人人都为自己打工。同时，海尔提出并打造了用户付薪平台。人们获取薪酬的标准很简单，总的薪酬包就是用户的支付，参与者的薪酬包就是按各自工作的价值在终端产品中的比例，类似于占股。总结起来就是一句话——用户付钱，按照合同约定分钱。这实际上解决了定价带来的庞大的交易成本问题。由此，企业内部也可以市场化。

第二步：实施风险控制

海尔在每一个阶段都为创客和小微（更加具有自主权的经营体）设计独特的激励方案，确保激励相容。在初生期，创客拿基本酬（生活费），比原来在职时的薪酬大大降低了；在成长期，创客拿"基本酬 + 对赌酬"，对赌酬来自每个阶段对于业绩的贡献；在成熟期，创客可以投钱占银股，在基本酬、对赌酬之外获取超利分享；在外部资本进入后，创客的股份则变成实股，真正成为事业的主人。也就是说，在每个阶段，创客都有风险，海尔也有风险，大家都必须努力，不然谁都没有利益。然而，一旦出现对赌业绩不能达到，小微则会散去，新的创客会"抢入"小微。单不能变，但人可以变，实在不行，就用"高酬"引来"高人"做"高单"。

第三步：与小微创客们签订对赌协议

海尔让负责交互用户的小微与平台风控部门签订对赌协议，达到要求后才能获得薪酬包。而后，用户小微与供应链、研发、设计、生产等节点小微签订对赌协议，将风险进行转嫁，他们也必须达到要求才能获得薪酬包。如此一来，所有人的身上背负的都不是模糊的 KPI，而是关键的成果。这些关键的成果共同组成了小微生态圈的经营结果，而且是强关联。

第四步：重视用户资产

海尔具备互联网战略思维，提出不能把商品卖给无名无姓的消费者，而一定要卖给有名有姓的用户。他们要的是谋求平台层面而不是商品层面的竞争，这显然是关注到了战略损益。在互联网时代，只有生态才能永续，所以，企业还要把损益的视野放到整个生态层面。如果不计量用户资产，不计量生态收益，对于企业价值的评估就会出现偏差。当前，海尔已经自主研发了战略损益表、二维点阵、共赢增值表、顾客价值表等工具，有效地计量了各个维度的战略损益。这成为他们控制小微经营风险的基础，既不至于因为短视而忽略了企业的长期收益，又不至于陷入情怀，忽略了当下事关生存的短期收益。

第五步：建立网络化组织和管理者的平权意识

未来的组织模式一定不是朴素的网络化组织，而是建立在互联网信息基础之上的网络化组织。海尔的信息化早就走在了前面，内部基本上可以实现零签字，所有的流程都是基于线上的系统，这是他们转型的前提。同时，老板们在互联网信息时代也被倒逼开始转变思维。海尔打造创客平台让员工实现自我的同时也为自己实现了经济利益。这说明管理者从思维上有了平权意识。千万别小看了这两种心态带来的不同，没有平权心态的老板，不可能打造出创客平台，员工从种种细节中也可以发现老板究竟是不是在放权，进而会决定自己是要转型创客，还是安安稳稳地做员工。那种将放权当作恩赐，放权以后还不放心，放权以后不放利的人，都做不了组织转型的舵手。

正是这些举措，使得海尔这种平台模式＋小微创客的合伙模式，获得了极大的成功。

华为：以奋斗者为本的价值共创

2019 年，华为曾公布了半年度的年报收入，达到了 4000 多亿元，实现了销售收入和净利润的双增长。华为承诺，未来将继续坚持战略方向，持续加大研发投入。内部人才得到了激发，更多人才加入到了华为，支撑起了华为的新能源发展，实现华为大发展，所以华为有很多值得众多企业借鉴的经营模式。

华为的分享模式是分利、分权，还分名。华为让奋斗者得到权、利、名的三重收获，最终实现了以奋斗者为本的价值共享。任正非也说过，华为之所以发展的好，主要是因为钱分的好。华为认识到之所以有越来越多的人愿意加入这个企业，并不是因为崇高的理想，而是为了挣钱，这是人的本性。所以，承认人的本性、激发人的本性、控制人的本性，三位一体，在华为便是建立以奋斗者为本的激励机制。那么我们一起梳理一下华为的模式：

第一，分利的激励。利益激励解决的就是员工工作回报的问题，华为重视对员工进行及时激励。华为给员工发放内部货币——荣誉券，可以在华为的内部超市购买商品。这种券的面值并不大，更多的是代表一种荣誉，是一套员工行为的塑造系统，任何值得鼓励的员工行为都可以通过及时的荣誉券进行肯定和认可。

除了及时激励，华为还设置了短期激励和中长期激励机制。短期激励主要对应的是公司管理机制，华为有比较完善的宽带薪酬制度，每个月发放的固定底薪部分，主要解决了员工基本报酬的问题；还有一个是专项奖，主要是针对战略贡献或者是一些关键的任务来设定的，解决战略贡献的问题。中长期激励机制指的是奖金管理机制，通过设定公司的奖金池，根据部门绩效分解到各部门的奖金包，最后再分解到个人。大河有水小河才能满，公司总体盈利部门才有奖金，确保了团队奋斗的积极性。还有一个是股权激励，包括虚拟股和期权的激励机制，解决的主要是为谁打工的问题。奋斗者分享剩余价值，实现合伙人的企业文化，达到了共赢。

第二，分权的激励。通过权力的分配来激励大家，解决了员工工作成效的问题。华为会设定很多头衔或者职权，相应的有清晰的职位描述和评价机制。这里面最关键一点是真正的实权，华为公司会对其进行充分授权，比如公司有董事会，下面会设若干的董事和监事长、监事等职务；同时华为还设有各类委员会，包括战略委员会、薪酬委员会、审计委员会、风险管理委员会等，能够进入这些委员会的员工，不仅意味着权力的分配，同时也意味着公司对他们的一种认可。另外，华为还有一套轮值CEO机制，也是一种权力分配，权力会被分配给核心高管；还有各种首席专家、各个事业部、各个区的总裁。华为这种非常完善的权力分配方式，一方面让员工有成就感，另一方面也让工作更有成效，从而带来了非常显著的积极效果。

第三，分名的激励，也就是荣誉激励机制。为解决员工工作有意义的问题，赋予工作意义更多导向员工内在的自我激励，华为设置了非常多的主题突出的荣誉奖项，包括蓝血十杰、金牌团队、金牌个人和明日之星等。任正非本人也非常重视这些奖项，很多荣誉奖项的奖牌和奖杯都是由他亲自确定并亲自颁发。华为公司的每一个奖项都有其设计的目的，并有相应的评选标准。比如，金牌奖分为个人金牌奖和团体金牌奖，主要是为公司持续的商业成功做出重大或突出贡献的团队和个人，是公司授予员工最高的荣誉性奖励。还有天道酬勤奖，设置的主要目的是激励长期在外艰苦奋斗的员工，评选的标准包括在海外累积工作了 10 年以上，或者是在艰苦地区连续工作 6 年以上，或者是全球流动累计 10 年以上的员工。还有针对新员工的"明日之星奖"，设计目的主要是营造人人争当英雄的一种文化氛围，针对那些入职不久的新员工，对他们来说也是一种比较好的奖励。

华为能做大，分钱分的好，这是机制的成功，顺应人性解决员工和公司对立的问题。让员工在自己奋斗的过程当中，同时也为公司创造价值，实现了个人与公司的共赢。

华为的股权结构属于分散型的，任正非只占不足 2% 的股权，其余股权都为员工所有。为了保证创始人对企业的有效控制，避免人才的流失，华为规定员工只有在企业任职期间才能参与分红；若员工离职，不再为企业服务了，那么股权就要及时退回。公司会对离职员工的股权进行回购，回购后放入池子里，若有新的员工加入或者持续对企业做出贡献的，公司就会将池子里的这部分股权卖给他们。

正是因为有良好的股权退出机制，华为的合伙人制才能不断适应企业的发展，为企业凝聚更多优秀的人才。华为之所以能够推行合伙人制度，与公司的魅力和任正非的人格魅力是分不开的。

在推行合伙人制度方面，华为值得其他企业学习的地方主要有以下几点：

第一，华为的事业梦想。任正非在创办华为之初，便拥有了强烈的要把华为做大做强的事业梦想，这是华为推行股权激励计划最原始、最基本的动力。想把事业做大离不开人才，所以有了让员工持股的打算。股权激励一方面可以让优秀的人才死心塌地地跟着自己干，另外一方面可以解决企业发展资金不足的问题。试想，如果不是任正非的雄心和野心，加上对事业的执着，那么根本不可能有让员工持股的想法和打算。所以，对事业的愿景是推行员工持股计划的一个关键因素。由于华为实行员工持股计划的目的之一是获取发展企业所需要的资金，所以一开始华为员工持股就是要员工掏钱购买公司的股份。这样做是很大的创新，往前推 20 年，人们第一是没有那么多的钱来购买公司股份，另一个政策不成熟会有一定的风险。所以，华为通过公司出面担保，让员工从银行贷款解决问题，这绝对是一个新的发展改革。

第二，股权激励惠及绝大多数人。一般合伙人企业只是让极少数的核心员工持股。而华为却是让绝大多数员工持股，因为华为认为公司的发展靠大家而不是靠少数的几个人。任正非敢于拿出公司绝大多数的股份让员工持有，这使得员工能够得到更多的利益。华为作为一家优秀的公司，不仅拥有一套完善的选拔人才的标准和完备的内部职位体系，而且到华为公司工作也具有巨大的利益诱惑，使得众多的优秀人才愿意加盟华为公司。另外，公司内部实行员工绩效考核体系，在相当程度上保证了华为股权激励计划能够真正落地。

第三，向员工融资。很多企业的目标就是做大做强以后上市，而华为却不走寻常路。华为一直在通过不断稀释股份的方式向员工融资。每到分红季，华为采取的大多是分配现金加股票的方式，这就使得那些持股较多的员工在未来必然会持有更多的股份。而当他们持有更多的股份的时候，再加上同股同利原则的问题，他们就会想让企业获得更多的利润，只有这样才能让自己的股份更值钱，这也是变相让员工更加努力奋斗去实现价值的一种方法。

华为企业很大，但从未受资金链现金流的制约，解决之道就是内部股权。华为的员工将自己的收入、存款借贷给华为，换得公司的股份，而公司则通过大家的努力创造高利润来回报大家。这样华为就不像其他制造业那样从银行贷款。资金成本低，安全性高，控制了资金断流的危机，这样的股权形式不但能实现利润，还能留住核心人才。任正非曾告诫员工："在公司改变命运的途径有两个，一是奋斗，二是贡献。"在号召大家奋斗、贡献的同时，任正非也给大家吃了一颗定心丸，他这样说："在华为

20年所做的最重要的事，就是分钱。把钱分好了，组织就活了。"员工奋斗与组织分钱，其实就是合伙人裂变模式的基本内涵。

第四，推行虚拟股权激励。华为赴美学习，最终带着虚拟受限股激励制度回国。然后从2001年开始通过公司股东大会，推出了《华为技术有限公司虚拟股票期权计划暂行管理办法》，并得到了深圳市体改办的批复同意。

该计划的核心内容如下：

1.华为公司员工持有的原股票被逐步消化吸收，转化为虚拟受限股（以下简称"虚拟股"）。

2.华为的虚拟股没有公开市场的价格体系参照，采取的是每股净资产的价格，但具体计算方式不予公开。

3.持有员工的权利仅限于分红和股价增值收益，不涉及产权。因此，掌握实际权利的仍是华为控股股东会。

有了该计划以后，华为开始实施员工的持股改革。新员工不再派发1元股股票，老员工之前持有的股票也转为了期股，也就是虚拟股。由华为工会负责发放，考核标准和发放股票数来自员工的工作水平和对公司的贡献。员工获取虚拟股的价格以公司当年的净资产价格为准。拥有虚拟股的员工，主要收益发生了变化，除了可以获得一定比例的分红外，还可以获得虚拟股对应的公司净资产增值部分。

每年表现优异的华为员工会签一份合同，合同里就是他们能够认购多少数量的公司股票。这份合同签完以后交回公司保管，没有副本，也不会有凭证，但员工通过一个内部账号可以查自己的持股数量，其股权全部由华为工会代持。拥有虚拟股的员工，可以获得一定比例的分红，以及虚拟股对应的公司净资产增值部分，但没有所有权、表决权，也不能转让和出售。在员工离开企业时，股票只能由华为控股工会回购。

从虚拟股计划开始，华为公司虚拟股执行价是逐年递增的，员工的年收益率也随着虚拟股执行价的递增而逐年增加。由此，起到了显而易见的激励作用，员工收益的主要来源不再是固定分红，而是对应的公司净资产的增值部分。如此一来，员工的积极性会大增，给公司干等于是给自己干，给自己创造利润等于给自己创造更多的虚拟股回报率。

为了让激励发生更大的效力，华为还规定了员工的配股上限。比如，13 级的员工持股上限为两万股；级别为 14 级的员工，持股上限为 5 万股。这样一来，老员工受到限制，给新员工持股留下了发展和进步的空间，这也是培养人才的一种手段。

经过十多年的连续增发，华为虚拟股的总规模已达到 134.5 亿股。在华为公司内部，超过 8 万人持有股票，收益相当丰厚。

如果实现华为的这种虚拟股模式，需要注意哪些问题呢？

第一，虚拟股依赖于公司的现金流，一家没有现金流的企业员工也不会觉得该企业的虚拟股会有价值，因此，虚拟股必须有利润的支撑。

第二，虚拟股的制度实施时间最好在企业快速发展期间，增长速度要跟自己的初创阶段去对比，而不是跟同行去做对比。

第三，虚拟股和IPO无法实现共存，因为股权结构不够清晰、实际控制人不够明确、股东人数过多等因素，实施虚拟股制度的公司是无法上市的。

第四，对于小企业来说，能否像华为那样在内部形成将虚拟股转化为实股的成熟制度，也会是一个需要解决的问题。

参考文献

[1] 杨晓刚著.股权激励一本通方案＋范本＋案例 [M].北京：人民邮电出版社，2017.

[2] 胡礼新著.中小企业股权激励实操 [M].北京：中国铁道出版社，2017.

[3] 郑指梁著.合伙人制度：以控制权为核心的顶层股权设计 [M].北京：清华大学出版社，2019.

[4] 单海洋著.非上市公司股权激励实操手册 [M].北京：中信出版社，2017.

[5] 张诗信，王学敏著.合伙人制度的顶层设计 [M].企业管理出版社，2018.

[6] 其他资料来自百度、今日头条等网络。